친구마음 탐구생활

1판 1쇄 2022년 8월 20일

저　　자　Team. StoryG
펴 낸 곳　OLD STAIRS
출판 등록　2008년 1월 10일 제313-2010-284호
이 메 일　oldstairs@daum.net

가격은 뒷면 표지 참조
ISBN 979-11-91156-67-6
ISBN 979-11-91156-22-5 (set)

이 책의 전부 또는 일부를 재사용하려면 반드시 OLD STAIRS의 동의를 받아야 합니다.
잘못 만들어진 책은 구매하신 서점에서 교환하여 드립니다.

공통안전기준 표시사항

- 품명 : 도서
- 재질 : 지류
- 제조자명 : Oldstairs
- 제조국명 : 대한민국
- 제조연월 : 2022년 8월
- 주소 : 서울특별시 마포구 양화로12길 24, 4층
- KC인증유형 : 공급자적합성확인

KC마크는 이 제품이 공통안전기준에 적합하였음을 의미합니다.
책 모서리에 찍히거나 책장에 베이지 않게 조심하세요.

머리말

대인 관계에서 어려움을 겪는 건 어른들만의 문제일까요? 정답은 '아니요'입니다. 우리 아이들도 어른 못지않게 또래 친구와의 관계에서 큰 스트레스를 받고 있어요. 친구를 어떻게 사귀어야 할지, 싸운 뒤에는 어떻게 화해해야 하는지, 나를 마음에 들어 하지 않는 친구에게는 어떻게 대하는 게 좋을지. 다양한 고민들로 밤을 지새우곤 하죠.

나와 주변 관계에 대한 고민들은 어린이들의 사회성을 발달시키는 데 매우 중요한 역할을 합니다. '친구'는 가족과 달리 내가 선택할 수 있는 관계로, 이러한 경험이 사회적 활동을 해나가는 토대가 되어주기 때문입니다.

이러한 관계 맺기에도 연습이 필요해요. 아무리 똑똑하고 자기주장이 강한 아이라고 할지라도 의사소통 능력이나 공감 능력이 부족하다면 사회성 발달에 어려움을 겪을 수밖에 없습니다. 스스로를 외부와 차단하는 일이 잦아지면서 단체 생활에도 쉽게 적응할 수 없게 되죠.

하지만 뛰어 노는 문화가 사라지고, 거리 두기로 인해 홀로 생활하는 시간이 늘어나면서 관계 맺기를 연습할 수 있는 기회가 줄어들었습니다.

이로 인해 또래 관계에서 어려움을 겪는 어린이들이 부쩍 많아졌어요. 친구를 사귀는 게 힘들어서 학교에 적응하지 못하거나 SNS 속 온라인 인간관계에만 집착하는 경우가 늘어나고 있죠.

부모님들의 고민 또한 날로 깊어지고 있습니다. 우리 아이가 친구와 잘 사귈 수 있을까? 따돌림을 당하고 있지는 않을까? 친구 관계에 문제가 생긴다면 어떻게 해결해 주어야 할까? 학습 능력만큼이나 상대방과의 커뮤니케이션 기술이 중시되는 요즘, 단절과 고립에 익숙해진 우리 아이의 사회성을 어떻게 하면 발달시켜줄 수 있을지 말이에요.

<친구 마음 탐구 생활>은 인간관계로 고민하는 어린이와 학부모 모두에게 디딤돌이 되어줄 책입니다. 실제 생활에서 자주 경험하게 되는 이야기를 통해 '나'와 '너'는 얼마나 다른지, 어떻게 해야 '우리'가 될 수 있는지 쉽게 설명해줍니다.

올바른 의사소통 방법과 나와 타인에 대한 이해야말로 진정한 행복으로 나아갈 수 있는 열쇠입니다. 나의 마음과 친구의 감정을 이해하는 방법 그리고 서로 다른 의견을 맞추어 나가는 지혜를 배운다면 한층 더 행복한 매일을 보낼 수 있을 거예요.

자, 그럼 지금부터 우리 아이와 함께 마음을 탐구하러 떠나볼까요?

차례

1장
하지 말라고 하면 더 하고 싶어져!
선호의 이야기 8p

- 칼리굴라 효과 …………… 18p
- 자유와 심리적 반발 ………… 25p

2장
나는 왜 이 물건이 사고 싶을까?
여름이와 겨울이의 이야기 36p

- 펭귄 효과 …………… 47p
- 백로 효과 …………… 54p
- 유행과 모방심리 …………… 62p

3장
좋은 방법이 떠오르지 않을 땐 어떡하지?
태평이의 이야기 72p

- 생각과 달리기 …………… 80p
- 의식과 무의식 …………… 85p
- 브루잉 효과 …………… 92p

4장
나도 모르게 자꾸 화가 나!

콩이의 이야기 100p

방어기제와 전치	112p
방어기제의 명과 암	118p

5장
인기 없는 나도 반장이 될 수 있을까?

무명이의 이야기 128p

언더독 효과	138p
언더도그마	144p
약자를 응원하게 되는 이유	150p

6장
A형이라 소심한 게 아니라고?

원식이의 이야기 162p

바넘 효과	172p
바넘 효과의 유래와 포러 효과	177p
편향에서 벗어나는 방법	184p

2장
하지 말라고 하면 더 하고 싶어져!

선호의 이야기

"얘들아, 자리에 앉자."

선생님의 손이 낡은 나무 교탁을 두드렸다. 교실 이곳저곳에서 무리 지어 떠들던 아이들이 일제히 고개를 돌렸다. 복도 너머까지 쩌렁쩌렁하게 울리던 소음이 순식간에 사그라졌다. '선생님 오셨다.' 하는 속삭임과 자리를 찾아 돌아다니는 발소리가 그 자리를 대신했다. 아이들의 시선이 한곳으로 모이자 선생님은 비로소 입을 열었다.

"내일은 우리 반에 전학생이 새로 올 거야."
"전학생?"

불을 켜면 눈 깜짝할 사이에 자취를 감추는 바퀴벌레처럼 사라진 줄로만 알았던 소음이 선생님의 말 한마디에 다시금 슬그머니 고개를 들이밀었다. 술렁이는 목소리들을 잠재우듯 선생님이 조금 더 큰 목소리로 말을 꺼냈다.

　"그런데 교실이 이렇게 지저분하면 새로운 친구가 별로 좋아하지 않겠지? 그러니까 딱 삼십 분만 남아서 깨끗하게 청소하고 가면 어떨까?"

　오 분 전까지만 해도 교실 뒤편에서 축구할 사람, 떡볶이 먹으러 갈 사람을 모으던 아이들이 입을 삐죽 내밀었다. 한 줄로 길게 이으면 1반에서 9반까지 닿을 정도였다. 난감한 표정으로 손목시계를 들여다보던 선생님이 2분단 셋째 줄에 앉은 선호를 손으로 가리켰다.

　"선생님이 지금은 조금 바빠서… 청소 지도는 반장, 선호가 대신 하자."
　"네?"

아이들이 불만을 토로하던 와중에도 묵묵히 학원 숙제를 하던 선호가 고개를 번쩍 들었다. 선생님은 입을 벌린 채 멍한 표정을 짓고 있는 선호를 향해 환히 웃어 보였다.

"선호가 친구들 잘 이끌어서 깨끗하게 청소할 수 있겠지?"
"아… 네."

선호가 얼떨결에 고개를 끄덕이며 대답했다. 개운하지 못한 대답에도 선생님은 활기찬 목소리로 인사하고는 교실 밖으로 유유히 사라졌다.

"선생님 가셨어?"
"어, 진짜 바쁘신가 봐. 복도에도 안 계시는데?"
"그래? 그럼 얼른 집에 가자!"

반에서 가장 말썽꾸러기인 현식의 목소리가 신호탄이 되었다. 서로 눈치만 보며 주춤거리던 아이들이 가방에 짐을 챙겨 넣기 시작했다. 당황한 선호가 자리에서 일어나 아이들을 향해 큰소리로 외쳤다.

"얘들아, 아까 담임 선생님 말씀 못 들었어? 청소하고 가야지!"

신나게 웃던 아이들이 선호를 뾰족하게 노려봤다. 미워하는 눈빛에는 가시가 달리기라도 한 걸까? 선호는 마음이 콕콕 쑤셨다.

"깨끗한데 청소를 뭐 하러 하냐?"

"맞아! 나, 엄마가 끝나자마자 집으로 오랬거든? 늦으면 안 된다고!"
"그렇게 청소가 좋으면 선호 너나 하든지."

선호는 친구들에게 외치고 싶었다. '나도 청소하는 거 싫어. 그렇지만 선생님이 시키셔서 어쩔 수 없단 말이야. 너희들이 다 집에 가 버리면 이 넓은 교실을 나 혼자 청소해야 한다고!' 하지만 그 말을 하는 대신 입술을 꾹 앙다물었다. 왠지 눈물이 왈칵 쏟아질 것 같은 기분이 들었기 때문이다.

"선호 네가 반장이니까 알아서 해."
"그래, 우리는 집에 갈게."

교실 밖에서는 얄궂게도 밝은 햇살이 쏟아져 들어오고 있었다. 비라도 오면 좋으련만. 우산이 없어서 아무도 집에 가지 못하는 상상을 하던 선호는 홀린 듯이 창가로 향했다. 그리고는 두 손을 모으고 하나님, 부처님, 알라신께 간절히 기도를 드렸다.

'신이시여…! 친구들이 모두 청소를 하게 해주세요. 한 번만 도와주시면 앞으로 부모님 말씀 잘 들을게요, 네?'

그때, 멀리서 낯선 목소리가 들려왔다.

"우와, 이거 진짜 재밌다!"

선호가 두 눈을 번쩍 뜨고 뒤를 돌아보았다. 처음 보는 아이가 신난 표정으로 사물함에 그려진 낙서를 지우고 있었다.

청소가 이렇게 재미있는 건 줄 몰랐네! 세상에 이런 일을 할 수 있는 어린이는 나밖에 없을걸?

엉덩이춤까지 춰 가며 청소를 하는 모습에 가방을 둘러멘 아이들이 주변으로 동그랗게 몰려들었다. 낯선 아이는 수군거리는 목소리에도 아랑곳하지 않은 채 열심히 사물함을 닦기 바빴다.

"야, 거짓말하지 마! 어떻게 청소가 재미있을 수가 있어? 세상에 재미있는 게 얼마나 많은데!"

덩치 큰 병태가 앞으로 성큼 걸어 나오며 시비를 걸었다. 그제야 뒤를 돌아본 아이는 양팔을 옆으로 쭉 뻗어 사물함 앞을 가로막았다.

"어어, 가까이 오지 마. 나 혼자 할 거라니까? 시켜 달라고 해도 절대로 안 시켜줄 거라고! 재미있는 건 혼자 해야 더 재미있거든."

아이의 말에 병태가 미간을 구겼다. 병태는 평소에도 부모님, 선생님 말이라면 무조건 반대로 하고 봤다. 친구들과 함께 있을 때도 마찬가지였다. 다 같이 왼쪽으로 가자고 하면 오른쪽으로 가고, 앞으로 가자고 하면 뒤로 가는 녀석이었다. 아이의 말이 그런 병태의 심기를 건들지 않을 리가 없었다.

"네까짓 게 안 시켜 주면 어쩔 건데. 내가 뺏어서 하면 그만이지!"
"뺏는다고 되나, 뭐. 이래 봬도 엄청난 기술이 필요한 거야. 너희들은 하지도 못할걸?"

병태의 콧구멍에서 뜨거운 김이 뿜어져 나오는 것 같았다. 그 뒤에서 반원을 그린 채 서 있는 다른 아이들의 표정도 별반 다르지 않았다.

"우리가 할 수 있을지 없을지 네가 어떻게 알아?"
"그래, 맞아. 나도 잘할 수 있거든?"
"나도, 나도! 집에서 청소하고 용돈 받은 적도 있다고! 무려 만 원!"

아이들이 저마다 목소리를 높여 자신의 무용담을 펼쳐 놓기 시작했다. 일순간에 '누가 누가 청소 잘하나 대회'로 바뀐 분위기는 뜨겁게 달아오르다 못해 과열되었다. 아이들은 열기를 이기지 못하고 등에 멘 가방을 벗어던졌다. 청소를 하던 낯선 아이는 어느새 멀찍이 서서 그 광경을 의미심장한 표정으로 지켜보고 있었다.

"야, 그럼 말로만 하지 말고 보여 주면 되겠네!"

"그래, 여기서 담판을 지어 보자고!"

아이들은 소매를 걷어붙인 채 몇 명씩 찢어져 각각 빗자루, 청소용 솔, 스펀지 그리고 대걸레를 집어 들었다. 그러고는 교실 곳곳에 달라붙어 청소해 나가기 시작했다. 물론, 중간중간 자신들이 얼마나 잘하고 있는지 자랑하는 것도 잊지 않았다.

"너, 너 혹시 무슨… 청소의 요정 같은 거야? 그래?"

직접 눈으로 보고도 믿기지 않는 광경에 아이 옆으로 슬그머니 다가간 선호가 나지막하게 물었다. 자신의 기도가 끝나기 무섭게 나타난 것도 모자라, 반 아이들에게 은근슬쩍 청소를 떠맡긴 아이의 비범함은 '요정' 같은 단어가 아니면 도무지 설명할 길이 없었다.

"요정? 이 김심리 님 미모가 좀 요정 같기는 하지."

아이가 씩 웃으며 장난스럽게 대답했다. '그러면 혹시 마법사?' 하고 선호가 되묻자 아이는 거듭 고개를 저었다.

"그럼 넌 대체 누군데!"
"나? 이 시대 최고의 심리학 박사, 김심리. 멀리서 지켜보니까 네가 고생하고 있는 것 같기에 좀 도와준 것뿐이야. 내 주특기로."

심리학? 박사? 주특기? 한꺼번에 너무 많은 정보가 쏟아져 들어와 선호는 머리가 어지러웠다. 어쩌면 정말 내 앞에 서 있는 아이는 귀신이 아닐까. 선호는 의심이 가시지 않은 표정으로 되물었다.

"그러니까 대체 뭘 어떻게 도와준 거냐고. 요정도 아니고, 마법사도 아니라면서."
"넌 모르겠지만 심리학 효과 중에는 이런 게 있거든. 칼리굴라 효과."
"개굴개굴 효과?"
"칼리굴라 효과라고, 이 바보야. 하지 말라고 하면 오히려 더 하고 싶어진다는 뜻이지!"

쟤네처럼. 심리가 아이들을 향해 손가락질했다. 선호는 머뭇머뭇 고개를 끄덕였다. 아이들을 보자 하니 조금은 이해가 되는 것 같기도 했다.

김심리의 심리 상담소

칼리굴라 효과가 뭐냐고?

금지된 것에 더욱 끌리는 현상으로, 하지 말라고 하면 더 하고 싶어지는 '심리적 반항'을 의미해. 청소를 못 하게 하니까 오히려 반 아이들이 모두 소매를 걷어올린 거 봤지?

오래전 로마제국 시대에는 칼리굴라라는 황제가 살고 있었어요. 그는 모든 사람들에게 사랑을 받는 황제였지만

황제가 된 지 7개월째 되던 때에 끔찍한 열병을 앓은 뒤로

으, 너무 괴로워...

포악한 성격으로 변해 버렸지요.

칼을 가져오거라! 당장!

버럭!

끝내는 자식까지 무참히 살해하면서 난폭한 폭군으로 알려지게 되었답니다.

이 이야기에 흥미를 느낀 사람들은 칼리굴라 황제의 일대기를 영화로 만들었고,

오호, 영화로 만들면 딱 맞겠구만!

수많은 영화관에 걸리게 되었어요. 하지만 미국 보스턴에서는 이 영화의 상영을 금지했지요. 너무나도 끔찍한 내용이 담겨 있어서 보여줄 수 없다고 판단했거든요.

우리 보스턴 주에서는 영화 '칼리굴라'의 상영을 금지합니다.

"그래서 그런 거였구나. 난 또, 무슨 마법의 주문 같은 건 줄 알았네."

심리가 적어도 귀신은 아닌 것 같다는 안도감에 선호는 긴장이 풀린 듯 긴 숨을 내쉬었다. 안심의 꼬리를 물고 따라붙은 감정은 호기심이었다. 선호가 고개를 휙, 돌리며 물었다.

"근데 우리가 청개구리처럼 행동하는 이유는 뭐야? 설마 알고 보니 원숭이가 아니라 청개구리가 우리의 조상님이었다, 그런 건 아닐 테고……."

하하하. 선호의 말에 큰소리로 웃은 심리가 주머니를 뒤적거렸다. 그리고는 곧장 두 주먹을 선호 앞으로 내밀었다. 왜 그러는지 채 묻기도 전에 심리가 오른쪽 손을 펼쳤다.

심리의 오른쪽 손바닥에 얌전히 앉아 있던 청개구리 한 마리가 가까운 책상으로 폴짝 뛰어내렸다. 어린이인 심리의 손 안에도 쏙 들어올 정도로 작았던 청개구리는 책상을 돌다리처럼 넘어 다니다 금세 눈앞에서 사라져버렸다.

"이쪽 주먹 안에는 뭐가 들어있어?"

선호가 심리의 왼손을 가리키며 물었다. 이번에는 순순히 보여줄 마음이 없는지 심리는 씨익, 웃으며 고개를 저었다.

"안 알려줘."
"뭐? 그런 게 어디 있어!"
"비밀이라니까?"

심리가 자신의 주먹을 등 뒤로 쏙, 숨겼다. 몸을 이리저리 움직여 봐도 보이지 않자 선호는 발을 동동 굴렀다. '체육 선생님이 분명 가르쳐 주셨는데.' 선호는 체육 시간에 축구를 했던 기억을 떠올렸다. 드리블을 하는 상대편 선수의 공을 빼앗는 방법이, 그러니까…….

"도대체 뭘 숨기고 있는 건데!"

몸을 왼쪽으로 틀 것 같았던 선호가 순식간에 오른쪽으로 방향을 바꿨다. 깜빡 속아 넘어간 심리가 등을 내보인 사이, 선호는 심리의 주먹을 잡아채고는 힘주어 펼쳤다.

파도처럼 밀려드는 허탈함에 선호의 어깨가 축 처졌다. 심리의 왼쪽 손 안에는 방울방울 맺힌 땀 말고는 아무것도 들어있지 않았다. 심리가 그 손으로 선호의 처진 어깨를 두드려주었다.

"어때, 감추고 있으니까 괜히 더 궁금해졌지?"
"그러게, 갑자기 너무 보고 싶어졌어. 그 주먹 안에 뭐가 들어 있는지 말이야."
"칼리굴라 현상이 일어나는 것도 똑같은 이유야. 내 의지가 아니라 다른 사람에 의해서 못 보게 되면 더 궁금해지거든."

선호는 자신의 양쪽 주머니 깊숙이 두 손을 찔러 넣었다. 어쩐지 심리의 이야기를 들으니, 자신의 주머니 속에도 청개구리 한 마리가 잠을 자고 있을 것만 같은 기분이 들었다.

김심리의 심리 상담소

자유와 심리적 반발이 뭐냐고?

자유란 내가 하고 싶은대로 하는 것을 말해. 이러한 자유를 위협받게 되면, 자유를 다시 회복하기 위해 '심리적 반발'이 일어나게 되지. 청소를 할지, 말지 고를 수 있는 권한을 빼앗기니까 반발심이 생긴 것처럼 말이야.

사람은 누구나 자유를 가지고 있어요. 배가 고프면 밥을 먹고, 목이 마르면 물을 마시고, 가고 싶은 곳에 마음대로 가는 것이 바로 자유랍니다.

존엄성을 지키며 살아가기 위해 필요한 가치 중 하나이기도 하고요.

그런데 누군가가 '밥 먹어', 혹은 '공부해'처럼 강요를 하는 순간,

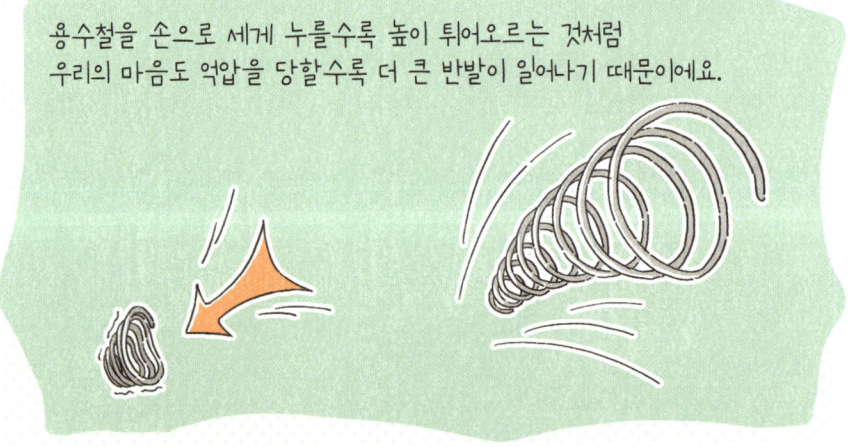

심리학자들은 이러한 심리적 반발 현상에 대해 알아보기 위해 한 가지 실험을 진행했어요.

진행자는 듀크 대학교의 학생 중 일부를 불러 모았지요.

재미있을 것 같은데?

그리고는 이틀 동안 네 가지의 음반을 듣고 평가해달라고 부탁했습니다. 실험이 모두 끝나면 보상으로 음반들 중 마음에 드는 하나를 주기로 약속하고서 말이에요. 학생들은 보상을 받을 수 있다는 생각에 열심히 실험에 임했어요.

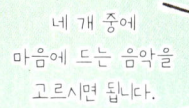

네 개 중에 마음에 드는 음악을 고르시면 됩니다.

하지만 다음 날, 학생들은 좋지 않은 소식을 듣게 되었어요.
배달에 착오가 생겨 세 가지 중에서 하나를
골라야 한다는 거예요.

전날보다 선택할 수 있는 자유가 줄어들게 된 거지요.
학생들은 실망감을 안고 다시 실험에 임했어요.

결과는 과연 어땠을까요?

고르지 못하게 된 음반을 '가장 좋다'고 표시한 학생이
전날보다 무려 70%나 더 많아졌답니다.

가질 수 없다는 사실을 알게 된 순간 더더욱 갖고 싶게 된 거지요.
자유를 지키려는 심리적 반발로 인해 내 선택도 얼마든지 바뀔 수 있다는
사실, 이제 잘 알겠죠?

심리적 반발

내 칼을 받아라,
이야아앗!

억압

"로미오와 줄리엣 이야기 알지?"

심리가 공주님처럼 양손으로 드레스를 들어 올리는 시늉을 하며 고개를 꾸벅 숙였다. 선호도 얼떨결에 허리를 숙이며 대답했다.

"알지. 서로 원수인 가문에서 태어난 로미오와 줄리엣이 사랑에 빠지는 이야기잖아. 집안에서 계속 반대하니까 결국 두 사람 모두 독약을 마시고 죽었고."

"그 두 사람도 사실은 칼리굴라 효과에 빠진 게 아니었을까?"

"로미오와 줄리엣이?"

"그래. 부모님이나 형제들이 말리지 않았다면 죽을 만큼 사랑하지 않았을지도 모르잖아. 안 그래?"

심리의 물음에 선호의 머리가 망치에 맞은 듯 댕- 하고 울렸다. 한 번도 생각해 본 적 없는 이야기였다. 심리학을 안다는 건 굉장한 거구나. 심리의 눈에는 세상이 얼마나 다르게 보일까. 선호가 존경스러운 눈빛으로 심리를 바라보던 순간, 교실 뒤쪽에서 커다란 외침이 들려왔다.

"크하하, 다 끝냈다!"

뒤를 돌아보자 어느새 청소를 마친 듯 교실이 몰라보게 깨끗해져 있었다. 주인을 잃은 물건들은 모두 제자리를 찾았고, 낙서가 가득했던 교실 벽은 새것처럼 하얗게 변해 있었다. 온갖 스티커가 덕지덕지 붙어 있던 사물함도 창문으로 새어 들어온 빛을 반사해 눈이 부실만큼 반짝거렸다.

"봤지? 너보다 훨씬 잘하는 거! 까불고 있어."

병태가 가슴을 내민 채 자랑스럽게 말했다. 아이들도 때를 빼고 광을 내느라 지저분해진 몰골로 한마디씩 거들었다. 뿌듯함과 우월감이 동시에 묻어난 얼굴이었다.

심리가 파놓은 함정에 빠져 집에 가고 싶다던 생각 따위는 까맣게 잊은 모양이라고 선호는 생각했다.

"도와줘서 정말 고마워, 얘들아. 나 혼자 청소하게 될까 봐 엄청 걱정했는데……."

'쌤통이다.' 하는 생각에 빠져 속으로 키득대던 선호는 문득 심리가 없었다면 골탕은 자신이 먹었을 거라는 사실을 깨달았다. 밤늦게까지 홀로 남아 교실을 정리하는 자신의 모습이 상상돼 양팔에 오소소 소름이 돋았다. 덕분에 독박 청소는 면했으니까 이따 집에 가는 길에 떡볶이라도 사 줘야지. 용돈의 절반까지도 내어 줄 수 있다는 결심을 하며 선호는 두 주먹을 불끈 쥔 채 옆을 돌아보았다.

"심리야, 너한테 제일 고마워. 네가 아니었다면… 어?"

분명 제 옆을 지키고 있던 심리가 보이지 않았다. 목이 빠져라 주위를 둘러보고, 책상 밑까지 훑어봐도 머리카락 한 올조차 남아 있지 않았다. 요정인지 마법사인지 귀신인지 당최 헷갈리기는 했지만, 처음 나타났을 때처럼 기척도 없이 불쑥 사라져 버릴 줄이야.

"잠깐만. 근데 내가 왜 이러고 있지?"

한 어린이의 말에 선호를 포함한 모두가 꿈에서 깬 듯한 표정을 지어 보였다. 창밖으로 한여름의 짙은 노을이 지며 교실이 주홍빛으로 물들었다. 그 덕에 당혹감으로 붉게 변한 선호의 얼굴은 특별히 눈에 띄는 구석이 없는 것처럼 보였다.

"그러게? 정신 차리고 보니까 고무장갑이 내 손에 끼워져 있었어."
"어, 나도! 분명 집에 가려고 했는데……."

친구들에게 설명을 해 줘야 할까? 자신들을 놀렸다고 생각하면 어쩌지? 설명한다면 도대체 뭐라고 해야 하는 걸까? 아까 설명해준 심리학 효과 이름이 뭐였더라? 선호의 머릿속이 복잡하게 엉켰다. 칼리… 칼리… 선호는 같은 말만 반복해서 되뇌다 결국 몰래 아이들 틈을 빠져나왔다.

"가면 간다고 말이라도 해주지……."

교실에서 도망쳐 나온 선호는 터덜터덜 걸음을 옮겨 교무실로 향했다. 불이 반쯤 꺼진 교무실 안에는 몇몇 선생님들만이 남아 못다 한 일을 끝마치는 중이었다.

"선생님, 청소 다 했어요."
"정말? 수고했어, 선호야. 역시 믿을 건 우리 반장밖에 없다니까?"
"아니에요. 당연히 제가 해야 할 일인데……."

사실은 심리가 도와준 거라고 사실대로 말하고 싶었지만 차마 입이 떨어지지 않았다. 괜한 죄책감에 선생님 눈을 피하던 선호의 시선이 한 곳으로 향했다.

"어?"

왠지 모르게 익숙한 듯한 얼굴이 보이자 선호가 설마, 하는 마음으로 고개를 갸웃거렸다. 선호의 시선을 따라가던 선생님이 반가운 표정으로 책상 위에 놓인 사진을 집어 들었다.

"내일 서프라이즈로 보여주려고 했는데 이미 봐 버렸으니까 어쩔 수 없네. 이 친구가 바로 내일 올 전학생이야."
"네? 전학생이라고요?"

선호의 얼굴이 하얗다 못해 파랗게 질려갔다. 어정쩡하게 벌어진 입술 사이에서는 어, 아, 어… 하는 요상한 소리만이 터져 나왔다.

"왜 그러니, 선호야? 어디 아파?"

선호의 표정을 살피던 선생님이 걱정 어린 목소리로 물어 왔지만, 선호는 말없이 고개만 내저었다. 그러니까 정말로 요정도 아니고, 마법사도 아니고, 귀신도 아니었다는 말이잖아? 심리학 박사인 줄로만 철석같이 믿었던 심리가, 심리가… 심리가!

"전학생이었다니! 말도 안 돼!"

선생님이 건네준 사진 속에서는 심리가 환하게 웃고 있었다.

2장
나는 왜 이 물건이 사고 싶을까?

여름이와 겨울이의 이야기

"짜잔, 이거 봐라!"

한 아이가 책상 위로 올라가 한쪽 다리를 높이 들어 올렸다. 텔레비전에 나오는 연예인들을 곧잘 따라 하기로 소문난 혜진이었다. 발레리나처럼 쭉 뻗은 발끝에는 최근 어린이들 사이에서 유행이라는 운동화가 자랑스레 신겨져 있었다.

"우와, 이거 아이돌 멤버가 광고했던 신발이잖아?"
"맞아, 맞아. 나도 이거 엄청 갖고 싶었는데!"

책상 주변으로 몰려든 아이들이 혜진이를 올려다보며 한마디씩 감상평을 남겼다. 반짝이는 운동화를 향한 눈빛 속에는 부러움과 질투가 반씩 섞여 있었다.

"어제 우리 엄마가 사 주신 거다. 예쁘지?"

아이들이 공원에 모여 있는 비둘기처럼 고개를 끄덕였다. 누군가의 입에서 '나도 갖고 싶어.' 하는 볼멘소리가 터져 나왔다. 그러자 기다렸다는 듯 교실 이곳저곳에서 비슷한 말들이 메아리쳤다. 그때, 한 아이가 손을 번쩍 들었다.

"학교 끝나고 나랑 같이 신발 사러 갈 사람, 여기 붙어라!"

손을 든 아이를 중심으로 몇몇 친구들이 몰려들었다. 나, 나! 하는 외침과 함께 엄지손가락이 줄줄이 이어 붙었다. 그 광경을 제 자리에서 빤히 바라보던 겨울이가 뒤쪽으로 돌아앉았다.

아이들이 떠들거나 말거나, 숙제에만 온 신경을 쏟고 있는 여름이의 동그란 정수리가 보였다. 겨울이가 여름이의 눈앞으로 손을 휘휘 흔들었다.

"있잖아, 여름아. 네가 예쁘다고 했던 저 신발, 나도 하나 살까?"

겨울이가 손가락으로 제 등 뒤를 가리켰다. 교실 한켠에서는 신발을 살만한 장소와 그곳까지 가는 데 걸리는 시간, 그리고 어른들을 설득하는 방법에 대한 기나긴 토론이 이어지는 중이었다.

"갑자기 왜?"

소란스레 모여 있는 아이들과 겨울이를 번갈아 바라보던 여름이가 의아한 표정을 지어 보였다. 돛단배 모양으로 찌그러진 한쪽 눈썹을 보아하니 어딘가 못마땅한 것 같기도 했다.

"아니, 뭐… 오늘 보니까 애들이 다 살 것 같아서. 다들 신고 있는데 나만 안 신으면 조금 그렇잖아."

겨울이가 흩어져 있는 말들을 조각조각 이어 붙여 이유를 만들어 내는 동안, 여름이는 팔짱을 낀 채 비스듬히 고개를 기울였다. 깊은 생각에 잠길 때면 나오는 여름이만의 버릇이었다.

"사고 싶으면 사. 나는 안 살래."

여름이의 단호한 대답에 겨울이는 곧장 '진짜?'하고 되물었다. 며칠 전, 하굣길에 신발 가게 앞을 지나며 나눴던 대화를 똑똑히 기억하고 있었기 때문이다.

"저번에는 저 운동화 꼭 사고 싶다며. 나한테도 같이 사서 신자고 그랬었잖아."

쇼윈도 너머에 있는 운동화를 가리키며 웃던 표정부터 집에 가는 내내 조르던 목소리까지, 겨울이의 머릿속에 도장처럼 선명히 찍혀있었다. 그런데 하루아침에 마음이 바뀌었다고?

"그러니까, 그게… 아무튼 지금은 갖기 싫어졌어. 게다가 나는 운동화 산 지 얼마 되지도 않았고."

여름이의 말이 사실이라는 걸 증명이라도 하듯 발끝에 걸린 운동화가 반들거렸다. 그 모습이 꼭 마주칠 때마다 자신을 약 올리는 앞집 대머리 아저씨의 정수리 같아 괜히 더 얄미운 마음이 들었다.

"그럼 어쩌지. 살 수도 없고, 안 살 수도 없고……."

겨울이는 땅이 움푹 꺼져 그 밑으로 학교가 사라져 버릴 만큼 깊은 한숨을 푹 내쉬었다. 운동화를 사자니 무엇이든지 함께 하자던 여름이와의 '단짝 맹세'가 마음에 걸렸고, 사지 말자니 눈앞에서 운동화가 아른거렸다. 그 모습을 바라보던 여름이는 좋은 아이디어가 떠오른 듯 탁, 소리 나게 책장을 덮었다.

"우리 심리한테 가서 물어볼까?"

심리는 얼마 전 옆 반에 새로 온 전학생이었다. 뭐든지 다 알고 있는 척척박사에, 고민도 말끔히 처리해주는 만능 해결사라고 소문이 자자했다. 여름이는 어리둥절한 표정으로 앉아 있는 겨울이의 손을 잡아채 교실 밖으로 이끌었다.

"심리는 분명 답을 알려줄 거야, 심리라면 할 수 있을 거라고!"

열심히 뜀박질한 끝에 도착한 곳은 체육관 한구석에 위치한 작은 창고 앞이었다. 평소에는 농구공부터 훌라후프, 뜀틀, 허들과 같은 운동 기구들이 어지러이 놓여있는 공간이었다. 그런데 못 본 사이 우렁각시라도 다녀간 것인지 새것처럼 말끔하게 정리되어 있었다. 어, 저건 뭐지? 문 위에 붙은 자그마한 간판 하나가 겨울이의 시야 안으로 들어왔다. 네 귀퉁이가 반듯하지 않은 것으로 보아 직접 만들어 붙인 것 같았다. 그곳에는 삐뚤빼뚤한 글씨로 이렇게 적혀있었다.

"……김심리의 심리 상담소?"

겨울이가 주위를 둘러보느라 정신이 없는 사이 여름이는 문을 똑똑, 두드리더니 단숨에 열어젖혔다. 불이 켜져 있는 상담실 내부는 쥐 죽은 듯이 조용했다. 목을 거북이처럼 쭉 빼고 안을 들여다보던 여름이가 안으로 성큼 제 발을 집어넣었다.

"아무도 없나 봐. 우리 그냥 가자, 응?"

겁을 한 주먹 집어먹은 겨울이가 여름이의 팔을 잡아당겼다. 몸통은 여름이를 따라 상담실에, 바닥에 딱 붙은 다리는 여전히 복도에 걸친 채였다. 그때, 상담실 안쪽 창가에 놓인 짚더미에서 인기척이 들려왔다. 스스슥. 풀벌레가 우는 것 같기도, 동물이 기어가는 것 같기도 한 소리에 여름이와 겨울이는 반사적으로 서로를 부둥켜안았다.

"저거 움직이는 것 같은데?"

짚더미를 가만히 들여다보던 여름이가 작은 목소리로 속닥거렸다. 여름이의 등 뒤로 제 몸을 숨기고 있던 겨울이가 고개를 빠끔히 내밀었다. 미동이 없는 것처럼 보이던 짚더미가 조금씩 흔들리더니 이윽고 크게 들썩였다. 겨울이는 짧은 틈에 머릿속으로 온갖 상상의 나래를 펼쳤다. 저 안에 뭐가 들어 있을까? 강아지? 고양이? 그것도 아니면 도깨비?

"안녕, 얘들아!"
"으아아악!"

실눈 사이로 짚더미를 바라보던 여름이가 소리를 지르며 뒤로 나뒹굴었다. 그 소리에 놀란 겨울이도 두꺼비 집을 만들 듯 두 눈을 가린 채 바닥으로 엎드렸다. 그런 두 사람의 앞에 서 있는 건 강아지도, 고양이도, 도깨비도 아닌 상담소의 주인 심리였다.

"근데… 너희들 여기서 뭐 해?"

"그건 우리가 하고 싶은 말이거든? 도대체 왜 그러고 있었던 거야? 놀랐잖아!"

"아, 미안. 새들을 관찰하느라. 도망가지 않게 하려면 변장이 필수거든."

심리는 목욕을 마치고 나온 강아지처럼 몸을 흔들었다. 옷에 붙어있던 지푸라기들이 소나기처럼 바닥으로 우수수 쏟아져 내렸다. 새 관찰은 왜 했는지, 이 많은 지푸라기들은 도대체 어디에서 났는지 묻는 대신 여름이는 놀란 가슴을 쓸어내렸다.

"아휴, 놀래라… 아무튼, 우리가 찾아온 건 심리 너한테 물어보고 싶은 게 있어서야."

"물어보고 싶은 거? 뭔데?"

"요즘 우리 학교에서 유행하는 운동화가 있다는 건 알지?"

상담실 뒤로 걸어간 여름이는 비장한 얼굴로 몇 가지 포즈를 선보였다. 텔레비전 광고 속에서 아이돌이 하던 바로 그 자세였다.

겨울이는 아이돌과 똑같다며 연신 손뼉을 쳤다. 하지만 심리의 표정은 그저 떨떠름하기만 했다. 텔레비전을 전혀 보지 않는 탓이었다. 심리의 반응에 조금 민망해진 여름이가 높이 치켜들었던 팔을 가지런히 내려놓았다.

"…크흠, 모르는구나? 좌우지간, 그 신발을 사야 할지, 아니면 말아야 할지 고민이 돼서 말이야. 친구들이 사려고 하는 모습을 보니까 나는 사기 싫어졌는데, 겨울이는 마음을 굳혔거든. 사고 싶다는 쪽으로."

하하하. 여름이의 말을 들은 심리가 뜬금없이 박장대소를 터트렸다. 영문 모를 상황에 여름이와 겨울이가 머리를 긁적였다. 입을 모아 왜 웃냐고 묻자 눈가에 맺힌 눈물을 손가락으로 쓱 닦아낸 심리가 여름이와 겨울이를 한 번씩 손가락으로 가리켰다.

"그게, 너희가 꼭 새처럼 보여서. 겨울이는 펭귄, 여름이는 백로. 똑같은 것 같은데?"

새를 관찰 중이라더니 사람들이 전부 새처럼 보이나? 여름이와 겨울이는 눈을 동그랗게 뜨고 마주 보았다. 백로나 펭귄과 닮은 구석을 찾아 서로의 얼굴을 요리조리 뜯어보았지만 늘 보던 얼굴일 뿐, 새의 흔적은 찾아보기 힘들었다.

불신으로 넘실거리는 두 사람의 눈빛에 심리가 뒤늦게 부정의 의미로 손을 흔들어 보였다.

"아니, 아니. 겉모습이 아니라 너희의 심리가 말이야."
"우리 심리가 어때서?"
"그게 말이지. 심리학에서는 물건을 살 때 다른 사람들을 쫓아가면 펭귄, 반대로 쫓아가지 않으면 백로라고 부르거든."

김심리의 심리 상담소

펭귄 효과가 뭐냐고?

펭귄의 습성에서 유래된 말로, <mark>다른 사람이 상품을 사면 이를 따라 사는 구매 행태</mark>를 의미해.
겨울이가 왜 운동화를 사고 싶어 하는지 이해되지?

펭귄은 춥고도 황량한 남극에서 살아가는 동물이에요. 육지는 온통 새하얀 눈으로 뒤덮여 있기 때문에 먹잇감을 구하기 위해 반드시 바닷속으로 뛰어들어야만 하지요.

번지 준비!

하지만 펭귄들은 쉽게 물속으로 들어갈 수가 없어요.
물 밑에는 먹이뿐만 아니라 바다표범이나 범고래와 같은
포식자도 살고 있기 때문이죠.

이때, 가장 먼저 바다로 뛰어드는
'첫 번째 펭귄'이 나타나면

번지!!

다른 펭귄들도 뒤따라 들어가게
되는데,

나, 나도
들어가 볼래!

나도, 나도!

풍—덩—!

그래서 다른 사람을 따라 물건을 구매하는 현상을 '펭귄 효과'라고 부르는 거랍니다.

여름이의 머릿속에는 겨울이의 어깨너머로 보았던 풍경들이 뒤집힌 모래시계처럼 차올랐다. 책상은 까마득히 높은 빙하로, 그 끝에 포즈를 취하고 있던 혜진이는 대장 펭귄으로, 나머지 아이들은 그를 따르는 다른 펭귄들로 덧칠해졌다.

"그래서 겨울이한테 펭귄이라고 한 거였구나. 이렇게 보니까 진짜 닮은 것 같기도 하네."

뭐가 불만인지 입을 삐죽 내밀고 있는 겨울이의 얼굴을 바라보자 여름이의 입가에서 웃음이 새어 나왔다. 가지런히 모은 발과 뾰족하게 나온 입술, 검은색 카디건을 입은 자태가 영락없는 펭귄 같다고 여름이는 생각했다.

"치, 닮기는. 하나도 안 닮았다, 뭐."

겨울이는 반대편으로 고개를 돌린 채 한쪽 발을 바닥에 탁탁 굴렸다. 하필이면 짜리몽땅한 펭귄이냐며, 영 마음에 들지 않는 눈치였다. 자신보다 한 뼘이나 키가 큰 여름이를 올려다보던 겨울이가 탄산처럼 톡 쏘는 목소리로 심리에게 물었다.

"그럼 여름이는 왜 백로인데? 키가 커서?
아니면 피부가 하얘서?"

심리는 "생김새랑은 상관없다니까." 하며 널따란 상자 하나를 꺼내놓았다. 뚜껑을 열어 거꾸로 뒤집자 오색찬란한 구슬들이 우르르 쏟아져 나왔다. 고슴도치처럼 솟아있던 겨울이의 눈빛이 금세 마시멜로처럼 말랑말랑하게 바뀌었다.

"우와, 예쁘다!"
"이 중에 제일 눈에 띄는 구슬 하나만 골라 볼래?"

심리의 말에 여름이와 겨울이는 바쁘게 눈을 굴렸다. 맛있는 사과를 닮은 빨간색 구슬도 예쁘고, 한여름의 바다를 닮은 파란색 구슬도 예쁜데……

    차마 고르지 못하고 들었다 놨다만 반복하는 두 사람 앞에 심리는 그럴 줄 알았다는 듯 웃었다. 그리고는 주머니를 뒤적여 또 무언가를 내밀었다.

    "웬 선글라스? 여기는 햇빛도 없는데."
    "한번 써 봐, 고르는 일이 훨씬 쉬워질 테니까."

    여름이와 겨울이는 선글라스를 조심스레 받아들었다. 어떤 꿍꿍이인지 알 수가 없다니까. 중얼대던 여름이의 입에서 곧장 우와! 하는 감탄사가 터져 나왔다. 총천연색으로 빛나던 구슬들이 순식간에 흑백으로 변해 있었다.

"자, 이제 다시 한번 골라봐. 제일 눈에 띄는 구슬."

여름이와 겨울이는 단숨에 구슬 하나를 집어 들었다. 색색이 개성을 뽐내던 무지갯빛 세상과 달리 흑백의 세상은 모든 것이 간단했다. 선택지는 단둘뿐이었으니까. 모두 까맣게 변해버린 구슬들 틈에서 하얀빛을 내는 구슬을 골라내는 건 너무나도 쉬운 일이었다.

"진짜 신기하네. 선글라스만 꼈을 뿐인데 고르는 일이 어렵지 않아졌어. 까만 구슬들 사이에 있으니까 얘밖에 안 보이던걸?"
"그렇지? 그래서 유행하는 물건 대신 다른 물건을 사는 현상을 백로 효과라고 부르는 거야. 일부러 유행을 좇아가지 않는 거거든, 눈에 띄고 싶어서."

백로 효과가 뭐냐고?

특정 상품에 많은 사람이 몰리면 <mark>희귀성이 떨어져 차별화를 위해 다른 상품을 구매하려는 현상</mark>을 의미해. 운동화를 사고 싶어 했던 여름이가 마음을 접은 이유를 설명하지.

사자성어 중에는 군계일학이라는 어휘가 있어요.
닭 무리 속에 서 있는 한 마리의 학(백로)이라는 말로,
수많은 평범한 사람들 중에서 유난히 돋보이는 사람을 뜻하는 말이지요.

따라서 백로 효과란, 유행을 따라가는 보통의 사람들과 달리 다른 상품을 구매해 차별화되는 현상을 말한답니다.

일부러 눈에 띄기 위해 희귀한 미술품이나 값비싼 옷, 한정판 물건 등을 구입하는 사람들이 있거든요.

이때는 함부로 까마귀 떼와 어울리지 않는 백로의 콧대 높은 면을 강조해서 '속물 효과'라고 부르기도 한답니다.

심리의 설명에 겨울이의 머릿속에는 몇 가지 장면들이 스냅 사진처럼 빠르게 지나갔다. 학기 초에 동아리를 결정할 때도, 반에서 역할 분담을 할 때에도, 같이 영화를 보러 갔을 때마저. 인기 순위 탑 쓰리 안에 드는 것들만 쏙쏙 골라내는 겨울이와 달리 여름이는 늘 꼴찌 순위에 머물러 있는 것들에 관심을 두고는 했었다.

"그게 다 눈에 띄고 싶은 마음 때문이었다고? 나는 여름이 네 취향이 독특해서 그런 줄로만 알았는데. 그동안 왜 한 번도 얘기 안 했어?"

"그게… 나대는 애라고 오해받기는 싫었거든. 그냥 특별해 보이고 싶었던 건데."

겨울이는 그제야 제 옆에 앉은 여름이가 이해되는 것만 같았다.

운동화가 아니라 다른 친구들과 똑같아지는 게 마음에 들지 않았던 것이다. 여름이도 마찬가지였다. 지금까지 단짝인 겨울이에 대해 제대로 알지 못했다는 생각에 미안한 마음마저 들었다. 어쩌면 심리를 배운다는 건 누군가에 대해 더 잘 알게 되는 일인지도 모르겠다고, 두 사람은 나란히 생각했다.

"겨울아, 우리 꼭 바둑판에 있는 흰 돌이랑 검은 돌 같다. 전혀 다르지만 서로 없어서는 안 되는 존재잖아."

"어, 진짜네? 나는 우리가 데칼코마니처럼 똑같아서 잘 맞는 줄 알았는데. 톱니바퀴처럼 달라서 잘 맞는 거였구나."

여름이와 겨울이가 양 손바닥을 마주치며 웃었다. 그러나 히득거리던 것도 잠시, 제 꼬리를 쫓아 뱅글뱅글 도는 강아지가 된 것만 같은 기분에 겨울이가 표정을 굳혔다. 여름이에 대해 한층 더 깊이 알게 된 것도, 서로 달라서 생긴 일이라는 사실을 발견하게 된 것도 좋았다. 그런데……

"내가 펭귄이고 여름이가 백로라는 사실만 알면 뭐 해. 운동화를 사야 할지, 말아야 할지는 아직 결정하지 못했는걸? 단짝 맹세 때문에 각자 하고 싶은 대로 할 수도 없고."

"그러게. 펭귄이랑 백로 중에 선택해야 하는데, 어느 쪽 의견을 따르는 게 맞는 건지 전혀 모르겠어."

여름이와 겨울이는 고민에 빠졌다. 서로 다르다는 사실은 이해했지만 누가 '맞는지'는 알 수 없었기 때문이다. 차라리 정답이 정해져 있는 수학 문제였다면 좋았을 텐데! 쉽사리 나오지 않는 결론에 여름이가 한숨을 푹 내쉬었다. 지끈지끈 저려오는 머리에 '단짝 맹세'를 한 것이 후회가 될 지경이었다.

"그냥 아무거나 고르면 안 될까?"

겨울이가 한껏 지친 목소리로 말했다.

"생각해 봐. 다수결을 따를 수도, 투표를 할 수도 없잖아. 우리 두 사람뿐이니까. 계속 고민할 바에는 차라리 제비뽑기를 하는 게 낫지 않겠어? 쉽고 빠르잖아, 머리도 안 아프고."

그렇지만……. 여름이는 말끝을 흐렸다. 이대로 고민 없이 결정을 내린다면, 어느 쪽이 나와도 후회할 게 뻔했기 때문이다.

"나는 '진짜 내 생각'을 알고 싶어. 백로 효과든 펭귄 효과든 다른 사람에게 영향을 받아서 생기는 건 마찬가지니까."

여름이의 말에 겨울이가 동의하며 고개를 끄덕였다. 정말 세상 사람들의 말이 안 들리게 도와주는 귀마개가 있다면 얼마나 좋을까? 그 귀마개로 두 귀를 틀어막고 내 생각만 들을 수 있다면 좋을 텐데. 그런 겨울이의 마음속을 꿰뚫기라도 한 걸까. 심리가 한발 앞서 말을 꺼냈다.

"그래서 다른 사람들의 영향을 받지 않는 방법이 있는지 물어보고 싶은거지?"

여름이와 겨울이는 기대하는 눈빛으로 심리를 쳐다보았다. 하지만 심리는 단호히 고개를 저을 뿐이었다. 두 사람은 실망감에 어깨를 축 늘어뜨렸다. 그 모습이 꼭 물에 젖은 빨래 같았다.

"안타깝지만 그런 방법은 없어. 인간은 어울려 살아가는 동물이거든. 어쩔 수 없이 다른 사람들의 영향을 받게 되어 있지."

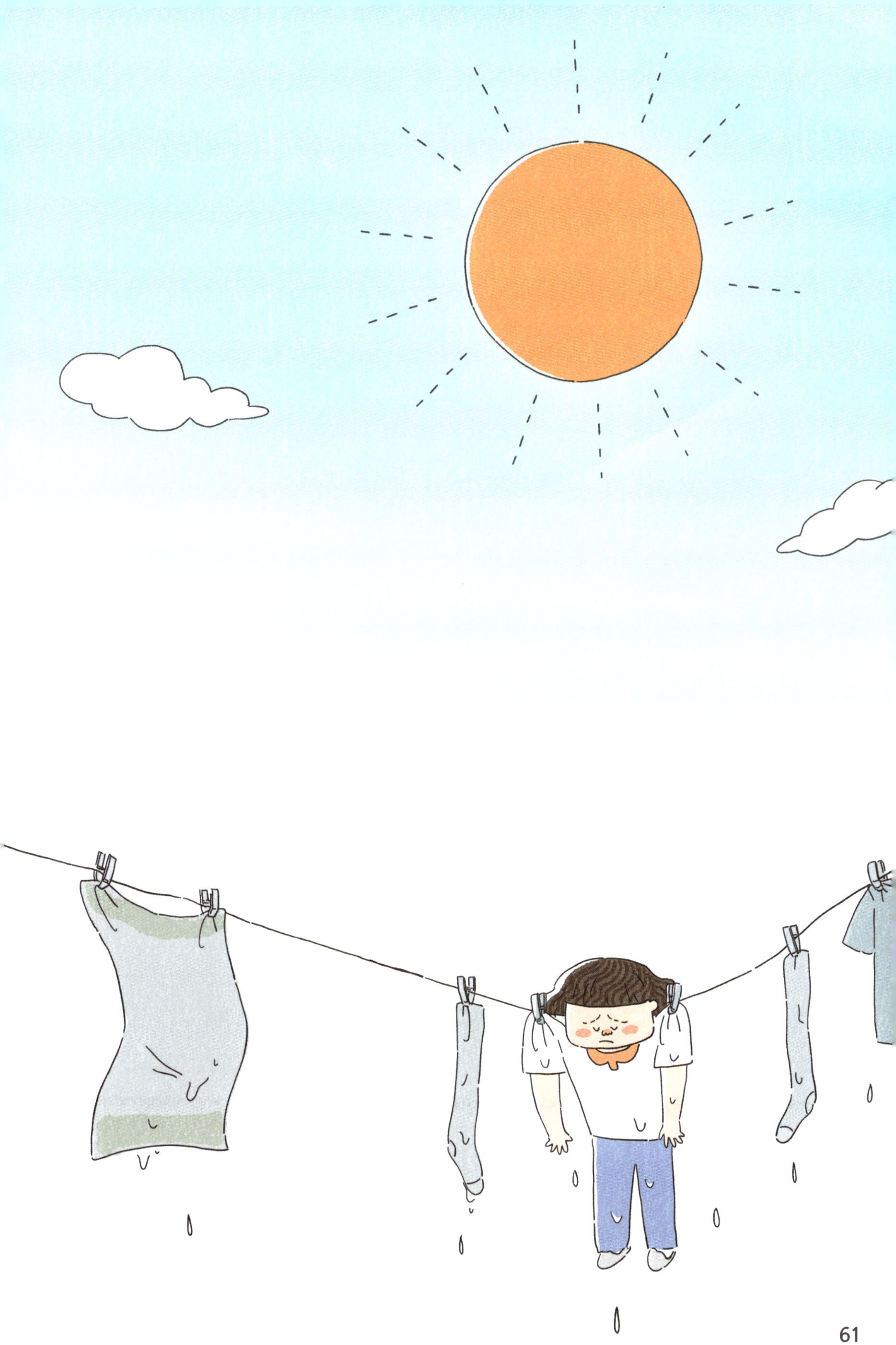

김심리의 심리 상담소

유행과 모방심리가 뭐냐고?

유행이란 사람들 사이에 널리 퍼져있는 행동 양식이나 현상을 의미해. 패션이나 유행어처럼 말이야. 이러한 유행은 타인의 행동과 감정을 따라하는 모방 심리에 의해 만들어지지.

인간에게는 다른 사람들과 비슷해지고 싶어 하는 본능이 숨어 있어요. 선사시대 때부터 익혀온 생존 법칙 중 하나이지요.

왜 다들 얼굴에 그림을 그렸지?

눈에 띄면 위험에 처할 확률이 높아지기 때문에 최대한 비슷하게 말하고, 행동하던 버릇이

헉! 그런 거였군...

70만 년이 지난 지금까지 우리의 DNA 속에 남아 있는 거랍니다.

나도 얼른 그래야겠다

옷이나 신발 같은 물건뿐만 아니라 음악, 영화, 헤어스타일, 그리고 삶의 방식까지 세상에 다양한 유행들이 존재하는 이유도 바로 이 '모방심리' 때문이에요.

사람들은 유행을 만들고 또 쫓아가며 소속감과 안정감을 느끼게 돼요.
다른 사람들과 내가 연결되어 있다는 사실을 알게 되면
심리적 욕구를 충족할 수 있거든요.

하지만 유행이라고 해서 무작정 쫓아가는 것은 결코 좋지 않아요.

보물섬이라도 있나? 왜 다들 저쪽으로 가지?

다른 사람들의 의견에 휩쓸리다 보면 내가 진짜로 원하는 게 무엇이었는지 잊어버리게 되거든요. 언젠가는 진정한 나를 잃어버리게 될 수도 있고요.

따라서 다른 사람들의 의견을 귀 기울여 듣는 자세와 자신의 생각을 지키고자 하는 꿋꿋한 태도를 함께 가지고 있을 때 비로소 좋은 어른으로 성장할 수 있는 거랍니다.

심리가 바닥에 떨어져 있던 지푸라기를 손으로 주섬주섬 쓸어 모았다. 손바닥을 비벼 가늘게 엮더니 기다란 나무 막대 끝에 빙 둘렀다. 그 모습을 지켜보던 여름이와 겨울이는 심리가 만들고 있는 것이 빗자루임을 곧장 알아차렸다. 막대와 지푸라기가 떨어지지 않게 끈으로 단단히 동여매 주니 파는 것만큼은 아니어도 제법 그럴듯했다.

"갑자기 웬 빗자루?"

말없이 두 손으로 빗자루를 휙휙 돌리고만 있던 심리가 자루 끝을 바닥에 쾅, 하고 내리찍었다. 쿠르릉! 때맞춰 하늘에서 천둥이 요란스럽게 울었다. 갑작스러운 굉음에 겨울이와 여름이가 동시에 새된 비명을 질렀다.

"옛날 옛적, 아무도 발을 들이지 못한 초원에는 '아무거나 마녀'가 살고 있었어. 무려 수백 마리의 양 떼들과 함께 말이야."

어디서 난 건지 챙이 넓은 모자까지 푹 눌러쓴 심리가 걸걸한 목소리로 말했다.

"그 마녀는 밤마다 심심풀이로 어린이를 잡아다 자신이 살고 있는 성으로 데려갔지. 그리고는 항상 똑같은 질문을 던졌어."

여름이가 긴장감에 침을 꿀꺽 삼키자 심리가 두 손바닥을 내밀었다. 그 위에는 조그마한 알약이 각각 하나씩 올려져 있었다.

"빨간 약 줄까? 파란 약 줄까?"

여름이와 겨울이가 알약에 정신이 팔린 사이 심리가 거듭 빗자루를 바닥으로 내리쳤다. 이번에는 머리가 띵할 정도로 밝은 번개가 번쩍, 하고 일었다.

"으아아아악!"
"그리고는 이렇게 말하는 어린이들에게 양이 되는 저주를 내렸지."

심리가 가까이 오라는 듯 두 사람에게 손짓했다. 겨울이와 여름이는 이어질 말이 퍽이나 궁금했는지 다리를 덜덜 떨면서도 몸을 기울였다. 만에 하나 마녀를 만나게 되면 그 말만은 절대 하지 말아야지, 하고 굳은 다짐까지 세우는 중이었다.

"아무거나."
"……뭐?"
"아무거나 마녀는 자신의 이름을 아주 싫어했거든. 그래서 '아무거나요!'하고 외친 어린이들을 죄다 양으로 만들어 버린 거야. 빨간 약과 파란 약을 고른 어린이들은 집으로 돌려보내 주었고 말이지."

그래서 수백 마리의 양 떼들과 함께 살았던 거구나! 겨울이가 제 무릎을 탁 쳤다. 어디선가 양을 보게 된다면 '혹시 너도 마녀의 저주를 받은 거니?'하고 묻게 될 것만 같았다. 겨울이는 머리 위로 마녀의 그림자가 내려앉는 듯한 기분에 팔을 빙글빙글 휘저었다.

"무섭다, '아무거나'라고 말하면 양이 되어 버리는 저주라니!"

여름이가 소름이 오소소 돋아난 양팔을 빠르게 쓸어내리다 입을 헙! 하고 틀어막았다. 설마, 방금 '아무거나'라고 말해서 양으로 변해 버리는 거 아니야? 불안한 마음으로 제 머리를 더듬어 봤지만, 손끝에 닿는 건 복슬복슬한 양털이 아닌 보드라운 머리칼이었다. 그런 여름이의 행동을 눈치챈 겨울이가 웃음을 터트리려다 얼른 머리를 흔들었다. 마녀의 저주를 쉽게 웃어넘겼다가는 큰코다치겠다는 생각이 들었기 때문이다.

"마음의 결정은 내렸어?"

심리의 물음에 여름이와 겨울이는 텔레파시라도 통한 듯 동시에 고개를 끄덕였다. 마녀의 저주에서 벗어나기 위해서는 그 방법뿐이라는 데에 모두 동의한 것 같았다.

"아무래도……."
"생각할 시간이 더 필요할 것 같아."

돌다리를 실수 없이 건너는 일에 꼭 필요한 건 다름 아닌 시간이었다. 내가 정말 사고 싶은 물건인지, 다른 사람에게 감기처럼 옮아온 마음은 아닌지. 하나하나 두드려 보고 건너지 않으면 악어 떼가 도사리고 있는 늪지대로 빠져 버리기 십상이었다. 여름이와 겨울이는 그 중요한 사실을 절대 잊지 말자고 마음속으로 다짐했다.

"충동적으로 결정하지 않으려고. 우리한테 남은 시간은 아직 많으니까."

때마침 천장 위에 매달린 스피커에서 밝은 종소리가 흘러나왔다. 남은 시간은 차고 넘치도록 많은데 쉬는 시간은 늘 부족한 것 같다는 겨울이의 투정에 모두가 웃음을 터트렸다.

"심리야, 우리 갈게. 오늘 고마웠어!"
"그래, 조심해서 가!"

여름이와 겨울이는 처음 상담소에 들어왔을 때처럼 손을 마주 잡은 채 복도로 걸어 나갔다. 다만 표정은 훨씬 밝아진 채였다. 두 사람의 근처를 배회하며 기회를 노리던 마녀의 그림자가 걷힌 것만 같았다. 앞으로 건너게 될 돌다리만큼이나 단단한 마음을 가진 두 사람의 등 뒤로 심리가 손을 흔들었다.

3장
좋은 방법이 떠오르지 않을 땐 어떡하지?

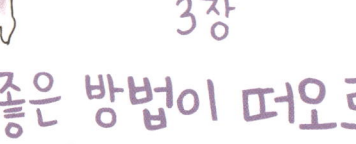
태평이의 이야기

하교 시간, 축구를 하자는 말에 몇몇 아이들이 운동장으로 재깍 달려 나왔다. 손을 가운데로 모아 편을 가르던 아이들이 무언가 허전한 기분에 주위를 둘러보았다. 하나, 둘, 셋……

"어, 우리 편에 한 명 부족한 것 같은데?"

위로 향한 손바닥이 다섯, 아래로 향한 손바닥이 넷이었다. 공평한 경기를 치르기 위해서는 한 명이 더 필요했다. 주위를 둘러보던 승환이가 햇볕에 까맣게 그을린 팔을 뻗어 등나무 벤치를 가리켰다.

녹음으로 무성하게 뒤덮인 등나무 그늘 아래에는 태평이가 고개를 숙인 채 앉아 있었다.

"야, 김태평! 우리 축구할 건데 같이 할래?"

　　승환이가 얼굴이 벌겋게 달아오를 만큼 큰소리로 외쳤다. 평소 같았다면 부르기도 전에 뛰어왔을 태평이었지만 오늘은 어찌 된 일인지 두 팔로 엑스 자를 만들어 보였다. 승환이의 뒤에서 눈을 가늘게 뜬 채 태평이를 지켜보던 심리가 제 품에 안겨 있는 축구공을 내려다보았다. 축구보다 훨씬 재미있는 일이 바로 저 등나무 벤치에서 벌어지고 있는 게 분명했다. 심리는 공을 휙, 하고 다른 친구에게로 던져 주었다.

"어차피 짝 안 맞는다고 했지? 난 빠진다, 너희들끼리 재미있게 해!"
"어어! 야, 그렇다고 이렇게 갑자기 빠지면 어떻게 해!"
"아, 뭐야. 심리랑 같은 편이라서 좋았는데……."

　　자신들을 등지고 뛰어가는 심리의 뒷모습을 바라보며 친구들이 아쉬운 소리를 했다. 섭섭함이 뚝뚝 묻어나는 목소리를 애써 무시한 채 심리는 운동장을 길게 가로질렀다. 따가운 햇살이 잎사귀 사이사이를 통과하며 모래바람이 이는 바닥 위로 아름다운 무늬를 만들어 내고 있었다.

"에휴……."
"그렇게 한숨 쉬면 증기 기관차가 되고야 말 걸. 뿌뿌."

　　등 뒤에서 들리는 목소리에 태평이가 돌아보았다. 한참 고민에 빠져 있었는지 아득한 표정이었다. 뒤늦게 심리의 얼굴을 알아차린 듯 "어, 너는…" 하고 말끝을 흐렸다.

"그래, 김심리."

간략한 자기소개를 마친 심리가 태평이 옆에 털썩 주저앉았다. 두 뼘 정도 벌어진 간격 사이에는 자석의 같은 극을 맞붙여 놓은 것만 같은 묘한 긴장감이 감돌았다.

"고민 있으면 얘기해도 돼. 알잖아, 나 만능 해결사인 거."

정적 끝에 심리가 일부러 장난스러운 목소리로 운을 띄웠다. 어느 순간부터 꼬리표처럼 붙은 '만능 해결사'라는 별명을 심리는 그다지 좋아하지 않았다. 자신은 그저 방법을 알려 주는 것일 뿐, 문제를 해결해 주는 건 아니라는 사실을 알고 있었기 때문이다. 하지만 한눈에 보기에도 복잡하게 얽혀 있는 태평이의 머릿속을 풀어주기 위한 묘안으로 이것만큼 적당한 방법은 없었다. 적당한 유머는 언제든 필요하다는 사실을 심리는 잘 알았다.

"참나, 잘난 척하기는. 마법사도 아니면서."
"마법은 못 부려도 애교는 좀 부릴 줄 알지."

난데없이 윙크를 날리는 심리에게 태평이는 징그럽다며 툴툴대면서

도 조금 전보다는 느슨한 표정을 지었다. 몇 달 전 유치가 빠진 자리에 새롭게 자라난 태평이의 송곳니가 통통한 아랫입술을 괴롭혔다. 어디서부터 말을 꺼내야 할지, 엉켜버린 실타래의 시작 부분을 더듬거리며 찾고 있는 것 같았다.

"음, 그러니까……."

간신히 실 끝을 찾아서 쥔 태평이가 속마음을 풀어놓기 시작했다. 두서없이 이어진 말들을 간단히 정리해 보자면 이랬다. 태평이에게는 둘도 없는 친한 친구가 있는데, 한순간 자신의 말실수로 인해 사이가 틀어져 버리고 말았다는 것이다. 실수를 어떻게든 만회하기 위해 온갖 방법들을 찾아봤지만 옳다구나! 하는 대안은 생각나지 않았다. 이미 뒤엉킨 머릿속은 당기면 당길수록 더욱 단단히 꼬이기만 할 뿐.

"얼마나 고민했는지 머리가 아플 정도라니까."

태평이는 양손으로 제 머리카락을 마구잡이로 움켜쥐었다. 태양빛에 듬성듬성 익은 머릿속이 장밋빛으로 물들어 있었다.

"나 아무래도 바보 맞는 것 같지? 이렇게 머릿속이 텅 비어있는 걸 보면……."

머리카락을 괴롭히는 건 재미가 없어졌는지 이번에는 양 손바닥으로 제 머리를 두드리기 시작했다.

여름철, 수박을 파는 시장통에서나 간간이 들려올 법한 소리였다. 태평이의 물음에 심리는 팔짱을 낀 채로 짐짓 심각한 표정을 지어 보였다.

"아무리 생각해도 해결책이 나오지 않는 게 고민이다, 이거지?"

차라리 수박이면 맛있기라도 하지. 내 머리는 쓸모도 없어. 하릴없는 생각에 잠겨 있던 태평이가 고개를 끄덕였다. 그때, 심리가 손바닥으로 제 무릎을 탁, 하고 내리쳤다. 경쾌한 소리에 태평이가 옆을 돌아보았다.

"난 또 뭐라고. 그럴 때는 아주 간단한 해결책이 있지."
"뭐? 그게 뭔데?"

심리의 말에 태평이가 순식간에 멀찍이 벌어져 있던 간격을 좁혀 앉았다. 코끝이 닿을 듯 가까이 다가선 태평이는 심리의 팔이 동아줄이라도 되는 양 간절하게 붙잡았다. 심리는 두 손으로 제 허벅다리를 두드리며 입으로 두구두구두구두구, 하는 북소리를 냈다.

"그건 바로."
"…바로?"
"아무 생각도 안 하면 돼."

맥이 탁, 빠지는 해결책에 태평이는 심리의 팔을 놓아 버렸다. 두 발과 엉덩이를 땅에 붙이고 앉아 있는데도 저 밑바닥으로 떨어지고 있는 것만 같았다. 어느 틈에 처음보다 한 뼘을 더 멀리 떨어져 앉은 태평이는 허탈함에 도리어 웃어버렸다.

"……아무 생각도 하지 말라고?"
"그래! 고민도, 생각도 하지 말고 그냥 가만히 있어 보는 거야."

지금 누굴 놀리나? 분한 마음에 태평이의 두 주먹이 불끈 쥐어졌다. 며칠째 밥도 제대로 먹지 못하고 고민에 빠져 있는데 저런 답을 해결책이라고 제시하다니.

"지금 장난해? 그게 무슨 해결책이야!"

태평이의 화난 목소리가 넓은 운동장을 쩌렁쩌렁 울렸다. 그 소리가 어찌나 컸던지 축구를 하던 아이들마저 벤치를 향해 몸을 돌렸다. 심리는 별일 아니라는 듯 아이들에게 손을 흔들어 보였다.

피가 파란색인 건 아닐까 싶을 정도로 차분한 심리의 옆에서 태평이는 여전히 붉은 깃발을 본 황소처럼 씩씩거렸다.

"내가 눈이 빠져라 인터넷도 찾아보고, 판다 뺨칠 만한 다크서클이 생기도록 밤도 꼴딱 새 보고, 대머리가 될 정도로 머리를 쥐어뜯어 봐도 좋은 생각이 안 났는데."

래퍼처럼 말을 다다다 잇던 태평이가 울컥한 마음이 들었는지 잠시 말을 멈추었다. 아무 생각도 안 하면 답이 어떻게 나오냐고……. 제 무릎에 얼굴을 파묻은 채 중얼거리는 태평이의 등을 심리가 천천히 두드려 주었다.

"태평이 너, 달리기해 본 적 있지?"

한참을 말없이 숨을 고르던 태평이가 슬그머니 고개를 들어 올렸다. 달리기? 제 눈앞에 보이는 친구들의 모습에 태평이는 천천히 고개를 끄덕였다.

"생각이라는 건 달리기랑 똑같아. 쉬지 않고 하면 언젠가는 지쳐서 쓰러져 버리지."

심리의 말에 태평이는 지난 며칠간의 자신을 되돌아보았다. 세상에서 가장 오래 달릴 수 있다는 마라톤 선수도 하루에 달리는 시간은 고작 두세 시간 정도였다. '가장 오래 달리는 대회'라는 울트라 마라톤 대회 마저도 최대 열 시간 남짓이었다. 그런데 쉬지도 않고 일주일을 내리 고민했으니. 태평이는 뇌가 지칠 법하다는 생각이 그제야 들었다.

김심리의 심리 상담소

생각과 달리기가 뭐냐고?

생각을 하게 만들어주는 뇌와 달릴 수 있게 도와주는 근육! 둘 사이에는 공통점이 있어. 바로 꾸준히 사용하되, 그만큼 휴식을 취해줘야 한다는 거지. 태평이가 아무리 고민해도 해결책을 찾지 못한 데는 이유가 있었던 거야.

아무리 잘 달리는 선수라도 쉬지 않고 계속해서 달린다면 분명 그만 달리고 싶어지는 순간이 찾아올 거예요.

일억오천 셋... 이, 일억오천 넷...

백만스물 하나! 백만스물 둘!

심장이 터질 것처럼 숨이 가쁘고, 지치는 순간이 찾아올 테니까요.

그만, 그만... 포기!

그렇다면 쉬고 싶다는 뇌의 신호를 무시한 채 무리해서 달린다면 어떤 일이 벌어지게 될까요?

뇌

야!

좀 쉬자고!!!

결국 쓰러지거나 심각한 부상을 입고 말 거예요.
몸이 한계에 부딪혀서 버티지 못하게 되었기 때문이지요.

으윽... 다리가 부러진 것 같아...

우리의 뇌도 근육과 비슷한 면을 가지고 있답니다. 쓰지 않으면 퇴화해서 기능을 잃어버리게 되지만,

어...? 이게 무슨 뜻이었지?

반대로 쉬지 않고 계속해서 사용하면 어느 순간 과부하에 걸리게 되거든요.

엔진이 과열되면 터지는 것처럼 말이지요.

그래서 충분히 쉬어야 또 다시 달릴 수 있는 힘이 생기듯, 뇌에도 적당한 휴식과 충전은 꼭 필요한 거랍니다.

"지금의 너처럼."

심리의 손가락이 태평이의 동그란 볼을 콕, 하고 찔렀다. 버튼이라도 달려있었는지, 태평이는 그와 동시에 작년 이맘때 학교 대표로 축구 대회에 나갔던 기억을 떠올렸다. 결승 시합이 열리기 하루 전날, 팀원 하나가 부상을 입어 경기에서 빠지게 된 일이었다. 마땅한 예비 선수가 없어 태평이는 전반전부터 후반전, 연장전까지 두 시간을 내리 달렸어야 했다. 태평이의 팔에는 '주장'이라고 쓰인 노란 완장이 둘려있었기 때문이다.

"그래서 달리는 것만큼 쉬는 것도 중요한 거야. 힘을 비축해 둬야 하니까."

심리의 말에 태평이가 고개를 끄덕였다. 경기는 운 좋게도 이겼지만 태평이는 며칠간을 병원에서 앓아누워 있어야 했다. 분명 두 다리로 뛰기만 했는데 팔부터 어깨, 허리까지 안 아픈 곳이 없었다. 똑같은 고생을 뇌도 겪고 있다는 생각이 들자 태평이는 눈앞이 아찔해졌다.

"심리야."

쓰라린 기억을 떠올리던 태평이가 심리를 불렀다. 막다른 골목길에 다다른 것처럼 아리송한 표정이었다.

"충분히 쉬었다고 해도 결승선에 도착하려면 어쨌든 달려야 하잖아.

마찬가지로 좋은 아이디어를 떠올리려면 결국 생각을 해야 하는 거 아니야? 쉰다고 해결책이 나온다는 건 가만히 서 있는데 결승선을 통과한 거나 다름없는 것 같은데."

심리는 손바닥을 펼쳐놓고는 그 위에 두 번째, 세 번째 손가락을 올려놓았다. 그리고는 손가락을 번갈아 움직이며 걷는 흉내를 냈다. 잘 봐. 그러더니 이번에는 손가락이 아닌 손바닥을 천천히 움직였다.

"이게 바로 두 발로 걷지 않고도 도착하는 방법이야."
"순간이동을 하라는 거야?"

태평이의 말에 심리가 웃음을 터트리며 손바닥으로 제 가슴께를 톡톡 두드렸다. 마음이 뭐 어쨌다는 거야. 태평이에게 심리의 행동은 꼭 착시 효과 같았다. 눈앞에서 직접 보고도 답을 찾기가 어려웠다. 어리벙벙한 표정의 태평이는 결국 죄 없는 심리의 손끝만 뚫어져라 노려보았다.

"이 안에 있는 에스컬레이터를 이용하는 거지."
"에스컬레이터?"
"무의식이라는 건 우리 마음속 깊숙한 곳에 있는 에스컬레이터 같은 거거든. 멈추지 않고 계속해서 움직이지. 그래서 가만히 서 있어도 가고 싶은 곳까지 갈 수 있는 거야."

마음속에 있는 에스컬레이터라. 태평이의 머릿속에서 자꾸만 새로운 물음표들이 새싹처럼 솟아올랐다.

김심리의 심리 상담소

의식과 무의식이 뭐냐고?

의식은 인간이 감각하거나 인식하는 모든 정신 작용을,
무의식은 각성되지 않은 심리적 상태를 말해.
의식에서 전의식, 전의식에서 무의식으로 에스컬레이터를 타고 이동해 볼까?

우리의 머릿속은 크게 세 부분으로 나누어볼 수 있어요.

의식,

전의식,

무의식이 바로 그 세 가지랍니다.

의식

가장 먼저 의식은 물 위로 드러난 빙하와도 같아요.
바깥으로 드러나 있어 눈에 잘 띄지만 전체에 비교해보면
아주 일부분에 불과하거든요.

전의식

그다음 전의식은
수면 바로 아래에 잠긴 빙하와 비슷해요.
쉽게 볼 수는 없지만, 조금만 파고들면
금방 만날 수 있는 영역이기 때문이지요.

의식과 무의식 중간에 있어,
둘 사이를 연결해주기도 하고요.

무의식

마지막 무의식은 깊은 곳에 감춰져 있어 드러나지는 않지만,
빙하 전체를 지탱하는 몸체와 같은 역할을 해요.

아주 깊은 곳에 존재하고 있기 때문에
실제로 존재하고 있는지도 알기가 어렵지요.

우리의 몸은 쉬지 않고 움직이기 때문에 하루에도 셀 수 없이 많은 생각들이 의식에 쌓이게 된답니다. 그렇게 쌓인 생각들은 창고 역할을 하는 전의식으로 이동하게 돼요.

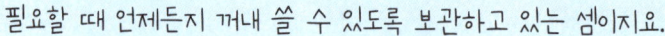

필요할 때 언제든지 꺼내 쓸 수 있도록 보관하고 있는 셈이지요.

지금은 이게 필요해!

하지만 무섭고, 끔찍해서 다시는 떠올리고 싶지 않은 기억이나, 당장 쓸 일이 없는 기억들은 더 깊은 곳으로 향하게 돼요. 그곳이 바로 지하실과도 같은 무의식이랍니다.

새로운 흑역사네!

툭―

영영 잊어버린 것 같은 기억들도 사실은 이 무의식 속에 남아있어요.

그래서 꿈을 꾸면 오래전에 가보았던 장소나 겪었던 일들이 생생하게 나타나는 것이지요.

아무도 없지?

슬쩍―

꿈을 무의식의 반영이라고 부르는 이유, 이제 잘 알겠죠?

그때 왜 그랬지!?

퍽! 퍽!

"무의식 속에는 우리가 잊어버렸다고 생각했던 기억들이 모두 저장되어 있어. 사라져 버린 것 같아도 필요한 순간에 짠, 하고 나타난다고."

이렇게. 심리가 열 손가락을 발레 하듯 우아하게 움직이다 무언가를 움켜쥐듯 오므렸다. 위아래로 몇 번 흔들고는 펼쳐 보이자 빨간색 공 하나가 손가락 사이에 끼워져 있었다. 마법을 부릴 줄 모른다던 심리가 마술에는 능통한 것 같았다.

"그 기억을 다 저장하려면 무의식은 엄청 넓겠네?"

태평이는 만화 영화 속에서나 보았던 요술 주머니를 떠올렸다. 손을 집어넣었다가 꺼내면 손바닥만 한 빵부터 제 키 높이를 훌쩍 넘는 사다리, 심지어는 코끼리와 비행기까지 뿅 하고 튀어나오는 바로 그 주머니.

"어, 그런데 무의식에 있는 기억들은 떠오르지 못하는 거 아니었어?"

심리는 고개를 절레절레 흔들었다. 손에 들고 있던 빨간 공을 손바닥으로 꾹 누르자 눈 깜짝할 사이 고무풍선으로 바뀌었다.

심리는 입을 동그랗게 모으고 고무풍선에 공기를 후-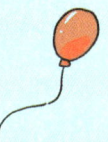
불어넣었다. 쭈글쭈글하게 눌려 있던 고무풍선이 점차
동그래지더니 얼굴보다 크게 부풀어 오르기 시작했다.

"그건 아니야. 한 가지 방법만 있으면 언제든지 떠올릴 수 있거든."
"그 방법이라는 게 뭔데?"

심리는 빵빵하게 부풀어 오른 풍선 끝을 야무지게 묶었다. 손을 놓자 풍선은 기다렸다는 듯 하늘 위로 둥실 떠올랐다.

"무의식 속 기억을 붙잡고 있는 무거운 추를 잘라내면 돼. 자유롭게 떠오를 수 있도록."

파란 하늘 위로 점이 되어 사라지는 빨간색 풍선을 태평이는 목이 아플 때까지 올려다보았다. 돌덩이를 얹은 듯 무거운 자신의 마음도 저 풍선처럼 한없이 가벼워지기를 진심으로 바라면서.

김심리의 심리 상담소

브루잉 효과가 뭐냐고?

복잡한 문제에 관해 깊게 생각하다가 멈출 때 비로소 좋은 방안이 떠오르는 것을 의미해. 머리가 안 돌아갈 때는 쉬어보는 게 어때?

오래전, 아르키메데스라는 과학자가 살고 있었어요. 그는 어느 날 왕으로부터 명령 하나를 받게 되었답니다.

바로 자신의 왕관이 실제 순금으로 만들어진 게 맞는지 알아보라는 것이었지요.

"부르셨습니까, 폐하."

아르키메데스는 깊은 고민에 빠졌어요. 당시의 기술력으로는 금에 은이나 철이 섞여 있는지 구별하는 것이 매우 어려웠거든요.

이를 어쩐담...

방법이 없는데...

며칠 밤을 새워도 답이 나오지 않자 아르키메데스는 지쳐 버렸어요.

결국 자포자기한 심정으로 욕조 속에 몸을 담그던 그때,

에라 모르겠다!

첨벙~!

아르키메데스의 머릿속으로 무언가가 번쩍 떠올랐어요.

헉, 맞아!

아르키메데스가 욕조로 들어왔을 때 넘친 물을 모두 모으면 자신의 몸무게와 같을 거라는 아이디어를 떠올린 것이지요.

같은 원리로 왕관을 물에 넣고 흘러넘친 물의 부피와 왕관과 같은 무게의 금괴를 넣어 흘러넘친 물의 부피를 비교해 보면, 왕관이 순금인지 아닌지 알아낼 수 있게 된 거예요.

드디어 해결책을 찾은 아르키메데스는 맨몸으로 욕조를 뛰쳐나가며 이렇게 외쳤답니다.

유레카!

이렇듯 우리가 휴식을 취하거나 다른 생각을 하고 있을 때 불현듯 좋은 생각이 떠오르는 순간들이 있어요.

이런 현상을 심리학에서는 브루잉 효과라고 부른답니다.

brewing : 우려내다.

평소에는 무의식 속에 가라앉아있던 기억들이

의식과 전의식이 쉬고 있는 틈을 타서 천천히 올라오기 때문이에요. 서서히 우러나는 찻잎처럼 말이지요.

"태평이 너도 언젠가는 외칠 수 있을 거야, 아르키메데스처럼 '유레카(나는 찾았다)!' 하고."

지금으로부터 삼천 년 전에나 사용했을 고대 그리스어를 외치며 욕실 밖으로 뛰쳐나가는 자신을 상상하고 있을 무렵, 태평이의 발밑으로 축구공이 도르르 굴러왔다. 고개를 들자 이쪽으로 공을 차 달라며 손을 흔들고 있는 친구들이 보였다.

"지금이 좋은 기회인 것 같은데?"

심리가 태평이의 옆구리를 쿡, 찔렀다.

"무슨 기회?"
"머리를 식힐 기회 말이야. 몸이 고생하는 것만큼 좋은 방법이 없거든."

심리가 먼저 저만치 앞으로 달려 나갔다. 잠시 고민하던 태평이는 무거운 발을 들어 올려 축구공 위에 얹어보았다. 고민, 무의식, 유레카… 형체가 보이지 않아 골치 아프기만 했던 것들과는 달리 축구공은 제가 볼 수도, 찰 수도, 이용해 골을 넣을 수도 있었다. 태평이는 자기 뜻대로 굴러가는 공을 바라보며 기분 좋게 웃었다. 아직 달리지도 않았는데 벌써부터 숨이 차오르는 듯했다.

"잠깐만, 같이 가!"

태평이는 친구들이 있는 쪽을 향해 축구공을 시원하게 걷어찼다. 상대편과 어깨를 부딪치고, 패스해달라며 목소리를 높이고, 공을 쫓아 정신없이 뛰어다니는 동안 고민 같은 건 잊어버린 지 오래였다. 하루의 끝을 알리며 해가 몸을 갸우뚱 기울였다. 키와 엇비슷하던 그림자는 어느새 길어져 두 배를 훌쩍 넘길 만큼 자라나 있었다.

"아, 진짜 힘들다."

지친 표정의 아이들이 땀을 뻘뻘 흘리며 바닥으로 쓰러지듯 누웠다. 온몸에 흙을 묻히고 들어가면 혼날 것이 분명했지만 그 사실을 신경 쓰는 어린이는 한 명도 없었다. 태평이도 아무런 고민 없는 표정으로 운동장 한가운데에 누워 연분홍색으로 물들어가는 하늘을 올려다보았다.

"이제 더워서 축구도 못 하겠다, 그치?"
"그러게. 우리 몇 명만 뽑아서 아이스크림 사러 갔다 올까?"

아이들이 누운 채로 손을 높이 들어 올렸다. 가위, 바위, 보! 단 한 번의 구호로 승부는 싱겁게 끝이 났다. 주먹을 낸 아이들 틈에서 홀로 가위를 낸 태평이가 별수 없이 몸을 일으켰다.

"천재 쭈쭈바로 통일해서 사 온다. 그래도 되지?"

취향이 까다로운 한두 명이 아옹댔지만, 대다수가 손가락으로 동그라미를 만들어 보였다. 태평이가 "오케이!" 하고 외치던 그 순간, 머릿속에서 무언가가 유전처럼 솟구쳤다.

"……그래. 지금까지 내가 왜 그 생각을 못 했지?"

누가 더 멋진 자세로 골을 넣었는지를 주제로 신나게 떠들던 아이들이 태평이에게로 시선을 옮겼다. 혼자 멍하니 중얼거리는 모습이 꼭 더위를 먹은 것도 같았다.

"태평아, 너 괜찮아?"

꽤나 걱정스러웠는지 한 아이가 태평이의 뒤통수를 향해 조심스레 물었다. 그것마저 듣지 못할 정도로 상념에 빠져 있던 태평이가 자리에서 벌떡 일어섰다. 아이들의 시선이 일제히 위를 향했다.

"유, 유레카다! 유레카!"

허공을 바라보며 혼잣말을 하던 태평이는 별안간 무어라 외치더니 운동장을 벗어나 후문을 향해 마구 내달리기 시작했다. 이해할 수 없는 행동에 아이들은 눈을 동그랗게 뜨고 술렁였다.

"쟤가 지금 뭐라는 거야?"
"몰라? 카레 먹고 싶다는 거 아니야?"

아이스크림을 사러 가기 싫어 도망친 게 아니냐고 툴툴거리는 아이들 틈에서 오직 심리만이 빙그레 웃었다. 제 옆에 세워 두었던 축구공을 집어 든 심리가 몸을 곤추세웠다. 그리고는 호탕한 목소리로 외쳤다.

"기분 좋으니까 아이스크림은 내가 쏜다!"
"와아, 심리 최고!"

등 뒤에 그림자를 망토처럼 매단 아이들이 운동장을 가로질렀다. 지평선 너머로 지는 해를 따라 멀리, 더 멀리 뛰었다.

4장
나도 모르게 자꾸 화가 나!

콩이의 이야기

"콩이 너, 빨리 안 나와!"

콩이 아빠의 목소리가 고요한 평일 아침의 정적을 부수고 들어왔다. 비틀대며 현관문을 걸어 나오는 콩이의 모습에 아빠는 혀를 끌끌 찼다. 잠결에 급히 팔다리를 끼워 넣었는지 셔츠는 앞뒤가 뒤집혀있었고, 바지 지퍼는 그대로 열린 채였다.

"너는 어떻게 된 애가 허구한 날 늦잠이니?"

하품을 쩌어억- 하는 콩이를 바라보며 아빠는 한심하다는 표정을 만면에 띠웠다.

"엄마랑 아빠는 출근해야 해서 바쁜 거 알아, 몰라? 네가 시간 맞춰서 딱딱 일어나 주면 좀 좋아?"

"옆집 밤이 좀 봐. 공부도 잘하고, 말도 잘 듣고, 그렇게 편할 수가 없다던데. 우리 애는 나이가 몇 살인데 아직도 깨워 줘야 하는지, 참……."

엄마와 아빠가 번갈아 가며 잔소리를 퍼부었다. 콩이는 장맛비에 홀딱 젖은 것처럼 온몸이 무거워졌다. 다른 건 몰라도 다른 아이와 비교하는 건 정말, 정말 싫은데. 차마 입 밖으로 꺼내지 못한 이야기를 콩이는 침과 함께 꿀떡 삼켰다.

"뭐해, 얼른 학교 안 가고. 가만히 서 있을 거야?"

아빠가 콩이의 등을 떠밀었다. 두 발이 땅에 붙은 것처럼 떨어지지 않았다. 누가 껌을 씹다가 뱉어놓았나, 밑창을 들춰 보았지만 발밑에는 흙모래뿐이었다. 아빠가 차에 올라타 안전벨트를 매는 사이, 엄마가 운전석에서 손을 흔들었다.

"엄마, 아빠 갈게. 학교에서 사고 치지 마. 저녁에 보자, 우리 아들."

콩이가 힘없이 고개를 끄덕였다. 엄마와 아빠가 탄 차는 순식간에 골목 끝으로 사라져 버렸다. 이씨, 짜증 나……. 차 뒤꽁무니에서 나오던 검은 연기처럼 콩이의 입에서도 어두운 한숨이 새어 나왔다.

"늦잠 좀 잘 수도 있지. 내가 언제 깨워 달랬나, 뭐."

지각쯤이야 하면 그만이라고 콩이는 생각했다. 교문을 1분 늦게 통과했다는 이유로 시험 점수가 깎이는 것도, 체육을 못 하게 되는 것도 아니기 때문이다. 지각한 아이들끼리 모여 겨우 십 분 남짓 교실 청소를 하는 게 처벌이라면 처벌이었다. 그 사실을 알면서도 아침마다 불호령을 내리는 엄마, 아빠가 콩이는 이해되지 않았다.

"만날 화만 내고……."

도끼눈을 뜨고 걸어오는 콩이의 열 발자국 앞에는 밤이가 서 있었다. 콩이 엄마의 입에서 곧잘 비교 대상으로 거론되고는 하던 그 '밤'이었다.

친구들과 왁자지껄 떠들며 학교로 향하던 밤이는 무언가 허전한 기분에 가방을 뒤적였다.

"헉! 야, 큰일 났다!"
"왜 그래?"
"준비물 챙기는 걸 깜빡했나 봐. 미안, 먼저 가! 금방 뒤따라갈게!"

난처한 표정을 띤 밤이가 뒷걸음질을 치며 무리 사이를 빠져나왔다. 교실에서 보자는 친구들에게 손을 흔들어 보이고는, 몸을 돌려 집으로 뛰어가려던 찰나. 쿵! 바닥을 보며 걸어오던 콩이와 그만 정면으로 부딪치고 말았다.

콩이와 밤이는 똑같이 머리를 부여잡은 채 바닥으로 주저앉았다. 둘 중 먼저 정신을 차린 건 체격이 큰 콩이였다. 콩이는 단번에 제 앞에 주저앉아 있는 밤이의 얼굴을 알아보고 인상을 구겼다. 가뜩이나 신경이 날카로워져 있던 차에 밤이가 뜻하지 않게 방아쇠를 당긴 셈이었다.

"야! 어딜 보고 다니는 거야! 너 때문에 큰일 날 뻔했잖아!"

콩이가 벌떡 일어나 밤이에게 손가락질을 해댔다. 부딪힌 이마가 얼얼했고, 넘어질 때 쓸린 손바닥이 조금 따가운 정도였지만 콩이는 그에 몇 배로 화를 냈다. 이때다, 싶은 마음에서였다.

"뭐? 그러는 너도 잘 보고 피했어야지. 잘못한 건 서로 마찬가지 아니야?"

밤이도 주섬주섬 몸을 일으키며 따끔하게 쏘아붙였다. 뒤를 제대로 보지 않고 달린 제 잘못이 큰 건 사실이었다. 그래서 얼른 사과할 생각이었는데, 듣고 있자니 어쩐지 억울한 마음이 든 것이다. 바닥만 보고 걷던 콩이의 잘못도 아예 없는 건 아니었으니까.

"뭐래, 키도 조그만 게! 제대로 맞아 볼래?"

콩이의 커다란 손이 밤이의 작은 어깨를 밀쳤다. 잔소리를 하던 엄마의 목소리와 한심하게 바라보던 아빠의 표정, 그리고 빤히 자신을 노려보는 밤이의 눈빛이 한 데 섞여 바글바글 들끓었다. 콩이의 마음이 서서히 뜨겁고도 끈적한 용암 덩어리로 변해가고 있었다.

"때, 때리겠다는 거야, 지금?"

콩이의 커다란 덩치 앞에 겁을 먹은 밤이의 얼굴이 꼭 구름 낀 하늘빛 같았다. 새하얗게 질린 밤이가 애써 아무렇지 않은 척 물었다. 하지만 되돌아오는 건 사과가 아닌 더듬거리는 말투에 대한 조롱뿐이었다. 그만하라며 소리라도 치고 싶었지만, 혹시 제 얼굴로 주먹이 날아들까 겁이 나 밤이는 결국 아무런 말도 하지 못했다.

"왜, 무섭냐? 그러니까 맞기 싫으면 앞으로는 잘 보고 다녀, 이 겁쟁이야."

자신만만해진 콩이는 가소롭다는 듯 한쪽 입꼬리를 올렸다. 그리고는 잔뜩 수그러든 밤이의 몸통을 세게 밀치며 그대로 지나쳐 걸어갔다. 밤이의 어깨에 간신히 매달려 있던 가방이 바닥으로 곤두박질쳤다. 손가락 하나만큼 열려있던 가방 틈 사이로 내용물이 와르르 쏟아져 나왔다.

"무식하게 힘만 세 가지고…
저걸 확 그냥!"

씩씩대며 뒤를 돌아본 밤이는 뒤늦게 콩이의 뒤통수를 향해 주먹을 쥐어 보였다. 티끌만한 불티 한 점이 밤이의 마음속으로 날아들었다. 어디서부터 꼬여버린 걸까. 앞을 잘 보고 걸었다면? 조금만 일찍 나왔다면? 아니, 애초에 준비물을 잘 챙겼다면?

"아, 짜증 나. 오늘따라 되는 일이 하나도 없네!"

수많은 선택지 중 가장 나쁜 것만 골라버린 것 같았다. 작디작은 불씨가 금세 화르르 덩치를 키우더니 커다란 불꽃으로 번져갔다. 밤이는 홧김에 제 발치에 놓인 돌멩이 하나를 발로 뻥, 하고 차버렸다.

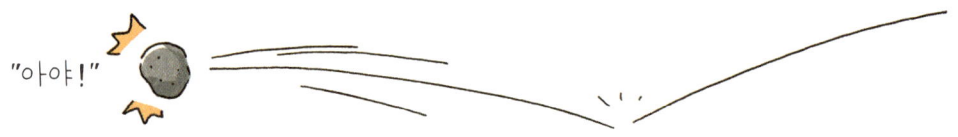

가까운 곳에서 들려온 비명에 밤이가 시선을 휙, 돌렸다. 한 아이가 뒤돌아선 채 머리를 감싸 안고 있었다. 밤이의 발에 챈 돌멩이가 야속하게도 바닥이 아닌 누군가의 머리를 향한 모양이었다.

"아이고, 머리야. 어떤 놈이 아침부터 돌을 던졌어!"
"저, 저기… 미, 미안해."

밤이가 화를 내는 아이의 곁으로 종종걸음을 치며 다가갔다. 미안한 마음에 차마 고개도 들 수가 없었다.

하필이면 그 돌멩이가 왜 머리 위로 날아가서는. 밤이는 애꿎은 하늘을 원망하며 더듬더듬 변명을 덧붙였다.

"내가 일부러 그런 게 아니라, 아침부터 너무 짜증 나는 일이 많아서 나도 모르게 그만……."
"짜증 나는 일?"

익숙한 목소리에 밤이가 고개를 번쩍 들었다. 제 앞에 서 있는 건 다름 아닌 심리였다. '그래, 나쁜 일만 생기리라는 법은 없지!' 밤이는 저도 모르게 안도의 한숨을 내쉬었다. 누구에게나 친절한 심리라면 얼마든지 자신을 이해해줄 것 같았다.

"무슨 일이 있었는데?"

예상했던 대로 심리는 밤이를 원망하거나 타박하지 않았다. 다만 '그 짜증 나는 일'이라는 게 무엇인지 궁금해할 뿐이었다. 새로운 흥밋거리의 등장으로 머리를 맞은 것 정도는 가볍게 잊어버린 심리가 꼬치꼬치 캐물어 오는 탓에, 밤이는 아침에 있었던 일을 몽땅 털어놓아야만 했다. 용서의 대가치고는 가벼워 다행이라고 밤이는 생각했다.

"뭐, 그 정도면 진짜 짜증 날 만했네."

밤이의 이야기를 들은 심리가 고개를 끄덕였다. '콩이'라는 녀석에게 옮겨붙은 화가 밤이를 지나 심리에게까지 닿은 것이 분명했다.

아무리 화가 나도 발길질을 하는 건 좋지 않은 버릇이라는 둥 밤이를 향한 충고를 늘어놓으려던 찰나.

"비키라고!"

누군가의 고함이 심리의 목소리를 비집고 들어왔다. 마주 서 있던 심리와 밤이는 동시에 옆을 돌아보았다. 골목 끝에서는 콩이가 또다시 저보다 한참 작은 아이들을 커다란 덩치로 위협하고 있었다. 밤이는 조금 전의 기억이 머릿속에 선명하게 떠올라 심리 뒤로 몸을 숨겼다.

"쟤야, 쟤. 방금 나 때리려고 했던 덩치 큰 녀석. 콩이."

심리가 눈을 가늘게 떴다. 저 녀석이구나, 여기저기 화를 옮기고 다니는 게. 심리는 제 손 안에 들어 있는 돌멩이를 휙, 하고 집어던졌다. 포물선을 그리며 날아간 돌멩이가 콩이의 맞은편에 있던 나무에 정확히 명중했다. 뒤이어 나뭇가지가 흔들리고 그 끝에 아슬아슬 매달려있던 열매 하나가 콩이의 머리 위로 폭, 하고 떨어졌다.

"으악!"

괴성을 지른 콩이가 주변을 둘러보았다. 먼발치에 선 심리와 밤이를 발견한 콩이가 콧구멍을 벌름거렸다. 다시는 까불지 못하도록 혼쭐을 내줬어야 하는 건데. 마음속 용암이 마구 끓어오르는 탓인지 옅은 살구색을 띠던 콩이의 낯빛이 붉으락푸르락 달아올랐다.

"이것들이 진짜……."

맹수처럼 그르렁거리는 소리를 내던 콩이의 덩치가 조금씩 커지는 가 싶더니 바지 봉제선이 투두둑, 뜯겨져 나갔다.

"왜 자꾸 나를… 화나게 하는 거야!"

분노에 찬 울부짖음과 함께 콩이가 입고 있던 셔츠의 단추가 발사되 듯 튕겨 나갔다. 심리와 밤이는 마치 전장에 떨어진 듯 바닥으로 납작 엎드렸다. 벌어진 손가락 틈으로 바라본 콩이는 순식간에 털이 북슬북 슬한 괴수로 변해 있었다.

"겁도 없이 나를 건드려?"

 넓은 보폭으로 짧은 틈에 코앞까지 다가온 콩이, 아니 킹콩이 심리의 멱살을 쥐고는 가볍게 들어 올렸다. 혼비백산해 일찌감치 트럭 뒤로 숨어든 밤이가 멀찍이서 사태를 바라보았다. 심리는 두 발이 공중에 떠 있으면서도 여유롭게 웃고 있었다.

"약한 친구들한테 화풀이하는 짓, 이제 그만 두지 그래?"
"코딱지만 한 게 뭘 안다고 떠들어?!"

 킹콩의 위협에도 아랑곳하지 않던 심리가 검지손가락 하나를 들어 올렸다. 심리의 손가락이 마치 폭탄 돌리기를 하듯 빙글빙글 돌아갔다. 킹콩에서 밤이에게로 옮겨간 손가락은 심리를 지나쳐 다시금 킹콩을 향했다.

"다른 건 몰라도 네가 밤이한테 낸 화가 나한테 옮겨왔다가, 결국은 다시 너한테로 되돌아갔다는 사실 정도는 알고 있지."

 금방이라도 심리를 내동댕이칠 듯 근육을 부풀린 킹콩도, 차 뒤에 숨어 덜덜 떨고 있는 밤이도 영문을 모르겠다는 표정을 지어 보였다. 화가 다른 사람에게로 옮겨간다고? 어떻게? 공기 중에 섞여 있는 산소가 모두 물음표로 변하기라도 한 것 같았다.

김심리의 심리 상담소

방어기제와 전치가 뭐냐고?

죄책감이나 불안으로부터 벗어나고 마음을 보호하기 위해 심리적인 안정감을 유지하는 것을 의미해. 콩이는 자신을 보호하기 위해 밤이에게 화풀이하며 '전치'라는 방어기제를 사용하고 있던 거지.

태권도나 권투, 합기도와 같은 무술을 익힐 때 가장 먼저 배우는 것은 과연 무엇일까요? 바로 낙법을 비롯한 방어 기술이에요. 잽이나 발차기 같은 공격 기술은 그다음에 배우게 되지요.

오늘은 첫 시간이니까... 가장 중요한 낙법을 먼저 배우도록 하겠다.

그만큼 상대를 공격하는 것보다 상대방으로부터 나를 보호하는 것이 훨씬 더 중요하다는 뜻이랍니다.

이처럼 우리의 마음도 스스로를 보호하는 기술을 갖추고 있어요. 마음이 위협을 받는 상황에서 자신을 속이거나 상황을 다르게 해석해 감정적 상처로부터 스스로를 보호하는 거예요.

느끼고 바라는 것과 정반대로 표현하는 반동 등이 있답니다.

전치도 이러한 방어기제들 중 하나예요. 내가 느끼는 분노를 나보다 약한 사람에게 옮겨서 해소하려는 심리이지요. 우리가 평상시에 '화풀이'라고 부르는 현상이 바로 전치를 쉽게 이르는 말이랍니다.

"이게 바로 전치라는 거야. 넌 밤이한테 화풀이를 했고, 밤이는 이 조그만 돌멩이한테 화풀이를 한 거지. 각자 자신보다 약한 상대라고 생각했으니까."

 심리의 말에 킹콩은 괴로운 듯 커다란 머리를 두 손으로 움켜쥐었다. 자연스레 킹콩의 손아귀에서 벗어난 심리가 손으로 옷자락을 탁탁 두드렸다. 이미 구겨질 대로 구겨져 버린 옷깃에 한숨을 내쉬는 심리에게 잠시 비틀대던 킹콩이 짐짓 어깃장을 놓았다.

 "으으, 머리야……. 이 세상에 방어기제나 전치 같은 게 있다고 쳐. 그래서 뭐? 네 말대로라면 나를 보호하기 위해서라면 어쩔 수 없었던 거잖아. 그런데 뭐가 문제냐고!"

 킹콩이 적반하장으로 소리쳤다. 심리가 무어라 입을 떼려던 그때.

 "그렇지만……!"

 불쑥 사이를 가르고 들어온 목소리에 팽팽히 서로를 노려보고 있던 심리와 킹콩이 눈을 돌렸다. 시선이 닿는 곳에는 두 주먹을 불끈 쥔 밤이가 서 있었다.

 "다른 사람을 괴롭히는 건 나쁜 짓이잖아."

 몸을 곧게 편 밤이는 킹콩의 시커먼 눈을 똑바로 마주 보았다.

그 순간, 킹콩이 정말로 강했다면 다른 사람에게 화풀이하는 짓 따위는 하지 않았을 거라고 밤이는 생각했다. 오히려 비겁하고 치사하니까 약한 상대만 골라 괴롭혀왔던 거야. 그러한 확신이 들자 밤이는 눈앞에 있는 킹콩이 조금도 무섭지 않았다.

"스스로를 보호하기 위해서 남을 다치게 하는 건 이기적인 행동이라고. 그러니까 너는 진짜로 강한 게 아니야! 강한 척하는 겁쟁이인 거지."

덩치만 커다란 녀석으로부터 도망칠 필요도, 이유도 없다는 사실이 밤이를 견고하게 지탱해 주었다. 밤이의 기세 좋은 외침에 킹콩이 뒤로 주춤 물러섰다. 하지만 두꺼운 킹콩의 몸 안에 잠들어있는 콩이를 깨우기에는 아직 역부족인 듯했다. 킹콩은 전보다 더욱 괴로운 표정으로 언성을 높였다.

"내가 겁쟁이라니, 말도 안 돼! 그럼 방패를 쓰지 말라는 거야?"
"아니."

심리가 한 발자국 앞으로 걸어 나오며 단호한 목소리로 답했다.

"칼이 아닌 방패일지라도 함부로 휘둘러서는 안 된다는 거야. 방패도 자칫하면 무기가 될 수 있으니까."

김심리의 심리 상담소

방어기제의 명과 암이 뭐냐고?

방어기제는 <mark>불안으로부터 자신을 보호하는 방법</mark>의 하나이지만, <mark>자주 사용할 경우 부정적인 결과를 불러일으킬 수 있어.</mark> 방패라고 생각하는 방어기제가 때로는 무기가 될 수 있거든.

전쟁터에서 내 몸을 보호하는 도구로 알려진 방패는 때로 공격을 위한 무기가 되기도 했어요.

특히 르네상스 시대에 사용되었던 방패인 '버클러'는 상대를 견제하거나 때릴 때 유용하게 사용되고는 했지요.

16세기에는 방패만을 사용해 결투를 벌이는 경우도 종종 있었답니다.

이처럼 우리 마음의 방패 역할을 해주는 방어기제 또한 잘못된 방법으로 사용하거나 과하게 의존하게 되면 다른 사람을 아프게 하는 도구가 될 수 있어요.

그중에서도 자신을 속이고 관점을 바꾸는 방법인 부정이나 투사, 전치와 같은 방어기제를 자주 사용하게 되면 마음이 병들고 약해지기 쉽답니다.

그러므로 강한 마음을 지닌 사람이 되고 싶다면
겁을 먹고 숨기보다는 용감하게 맞서 싸우는
방법을 깨우쳐야 해요.

창과 방패를 모두 잘 사용할 줄 아는 사람만이
훌륭한 영웅으로 거듭날 수 있는 것처럼요.

대들보처럼 굳세게 버티고 있던 킹콩의 다리가 힘없이 꺾였다. 자신이 휘두른 방패가 누군가에게는 칼날이 되어 왔다는 걸 비로소 인정한 셈이었다.

"지금은 네가 굉장히 센 사람이 된 것 같지? 친구들이 모두 너에게 겁을 먹고, 두려워하고 있으니까 말이야."

무릎을 꿇고 앉은 킹콩의 앞으로 심리가 다가와 섰다. 그리고는 북슬북슬한 털로 뒤덮인 어깨에 손을 얹은 채 결을 따라 천천히 쓰다듬었다.

"하지만 콩이 너의 겉모습이 킹콩처럼 커지면 커질수록 네 안에 있는 마음은 점점 작아지고 말 거야. 그러다 보면 어느 순간 진짜 너는 사라지고 킹콩만 남게 되겠지."

심리의 말에 킹콩이 슬며시 턱을 들었다. 영원히 이 모습으로 살아야 한다고? 킹콩은 자신의 두 손을 내려다보았다. 부드럽고 하얀 손 대신 검고 딱딱한 가죽으로 둘러싸인 앞발이 제 눈에 들어왔다.

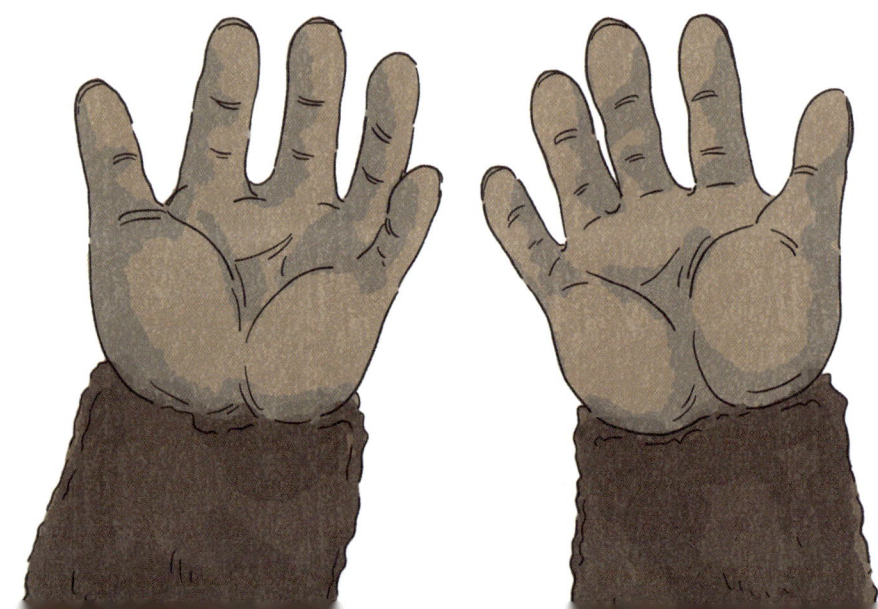

"그건, 그건 싫은데……."
"그럼 네 안에 있는 용암 덩어리를 밖으로 꺼내 놓아야만 해. 진짜 네가 녹아 없어지기 전에."

내 안에 있는 용암 덩어리라. 떠올리기만 했을 뿐인데 또다시 왈칵, 솟구치는 것만 같아 킹콩은 후, 하고 깊은숨을 내뱉었다. 한참을 망설인 끝에야 킹콩은 거미가 실타래를 뽑듯 천천히, 또 조금씩 제 속마음을 꺼내놓았다.

"매일 꾸중만 하는 부모님께 화가 났어. 나는 열심히 하려고 노력하는데 항상 밤이랑 비교하면서 더 잘하라고만 하시니까……."

밤이는 킹콩의 입에서 나온 제 이름에 흠칫 어깨를 떨었다

"……우리 부모님은 콩이처럼 씩씩하게 행동하라고 하셨는데."

밤이가 작게 혼잣말을 했다. 다른 아이와 비교당하는 게 어떤 기분인지 밤이는 잘 알고 있었다. 겉으로 표현하지는 않았지만 비교 대상이 되는 콩이가 늘 부러웠고, 콩이처럼 굴지 못하는 스스로가 미웠던 적도 있었다. 그런데 콩이도 자신과 비교당하고 있었다니. 왠지 모를 동질감에 밤이가 눈썹을 팔자로 늘어뜨리는 사이 킹콩은 지난날을 떠올렸다.

"부모님께 혼이 날 때마다 내가 쓸모없는 사람인 것 같은 기분이 들었어. 그래서 친구들한테 화풀이를 하고 싶었나 봐. 내 존재감을 인정받으려고."

킹콩은 친구들이 덜덜 떨며 자신을 피할 때마다 강해진 것만 같은 기분에 휩싸이고는 했다. 부모님께 잔뜩 혼이 난 날은 더더욱 그랬다. 주눅이 들수록 친구들을 더 무섭게 대했고, 겁먹은 친구들의 얼굴을 위안으로 삼았다.

"근데… 그러면 안 되는 거였어. 친구들을 괴롭힌다고 내 화가 사라지는 건 아니었으니까."

우월감은 별똥별처럼 아주 잠깐 반짝이고는 금세 사라졌다. 별똥별이 사라진 뒤에 남는 건 캄캄한 어둠과도 같은 슬픔뿐이었다.

"이제부터는 비겁하게 굴지 않을 거야."

그 깊고도 짙은 어둠에서 벗어나기 위해 필요한 건 찰나의 빛이 아니었다. 시린 밤을 함께 걸어줄 친구들의 따뜻한 손길과 곧 밝아올 아침을 기다리는 희망이라는 것을, 킹콩은 마침내 깨달았다.

"더는 킹콩의 모습 뒤로 숨지 않을 거라고!"

킹콩의 다짐과 함께 가슴께에서 밝은 빛이 새어 나왔다. 눈이 부시도록 강렬한 빛에 심리와 밤이는 눈을 질끈 감았다. 얼마나 지났을까, 섬광 같은 빛이 일순간 번쩍였다 사라지더니 콩이의 작은 두 발이 사뿐히 땅을 내디뎠다.

"어어, 킹콩이 다시 콩이로 돌아왔다!"

시린 눈을 겨우 뜬 밤이가 콩이의 모습을 보고 소리쳤다. 콩이가 저렇게 작았었나? 밤이는 왠지 모르게 드는 반가운 마음에 달려가 콩이를 와락 껴안았다. 옆에서 뿌듯하게 바라보던 심리도 팔을 넓게 벌려 두 사람을 함께 감싸 안아 주었다.

"나, 진짜 마음이 튼튼한 사람이 되어볼 거야."

심리와 밤이의 품 안에서 콩이는 굳게 다짐했다. 다시는 자신을 보호하기 위해 누군가를 다치게 하는 일은 없을 거라고. 한결 편안해진 콩이의 표정에 심리는 해맑게 웃으며 자리에서 방방 뛰었다.

"나는 콩이가 해낼 줄 알았다니까!"
"어, 근데 얘들아……."

다시금 심각해진 콩이의 목소리에 심리와 밤이가 더러 진중한 얼굴로 되돌아갔다. 마음이 또 끓기 시작하기라도 한 걸까? 아니면 털이 복슬복슬 자라는 느낌이 들기 시작했나? 밤이는 조바심이 나서 왜 그러는데! 하고 버럭 소리치며 콩이를 재촉했다.

"우리… 대지각이야!"

그제야 밤이가 제 손목에 걸린 시계를 내려다보았다. 어느 틈엔가 시계는 빠르게 달려 등교 시간을 이십 분이나 훌쩍 넘긴 뒤였다. 사색이 된 심리가 앞장서서 골목을 달려 나갔다.

결국 준비물을 못 챙겼다며 절규하던 밤이가 그 뒤를 이었다.

"콩아, 안 뛰고 뭐 해!"
"어? 어! 같이 가!"

밤이의 호통에 정신이 번쩍 든 콩이가 두 다리를 닥치는 대로 땅에 내디뎠다. 자신을 믿고 함께해주는 친구들이 있다면 조금 늦더라도 교문을 통과할 수 있을 것 같았다. 어쩐지 킹콩이 골목 어귀에 서서 자신을 지켜보고 있는 것만 같은 기분에 거듭 뒤를 돌아본 건, 친구들에게 비밀이었다.

5장
인기 없는 나도 반장이 될 수 있을까?

아이들이 두세 명씩 짝을 지어 교문을 통과했다. 어느새 날이 조금 쌀쌀해졌는지 얇은 재킷 차림의 선생님이 환하게 웃으며 손을 흔들었다.

"좋은 아침, 얘들아."

가파른 언덕길을 천근만근 걸어 올라가던 심리는 '좋은 아침이 아니라 졸린 아침인 것 같은데…….' 하고 잠시 생각했다. 목젖이 다 보이도록 하품을 하던 그때, 뒤에서 누군가가 쳐다보고 있는 것만 같은 기분에 심리가 고개를 휙, 하고 돌렸다.

'방금 뭐였지?'

등굣길을 따라 놓여있는 가로수 중 하나가 크게 흔들렸다. 찻길에서 교문으로 이어지는 길은 소동물들이 자주 드나드는 길목이었다. 때문에 작은 다람쥐나 참새, 그것도 아니면 길고양이인가 싶었지만 그렇다고 여기기엔 나뭇잎의 움직임이 너무 거셌다.

"심리야! 이따 상담소에 놀러 가도 되지?"
"어? 어어, 그럼. 당연히 되지."

미심쩍은 기분에 가로수를 향해 걸음을 떼려던 그때, 낯익은 아이가 말을 걸어왔다. 평소에도 상담실에 자주 놀러 오고는 하던 지영이었다. 지영은 졸리지도 않은지 안 그래도 동그란 눈을 더욱더 동그랗게 뜨며 지난밤에 텔레비전에서 보았던 연예인 이야기, 학원에서 있었던 일 등을 두서없이 늘어놓았다.

"근데 심리야, 너 아까부터 자꾸 어디 봐? 저기에 뭐 있어?"

자꾸만 가로수가 있는 방향으로 눈길을 돌리는 심리가 신경 쓰였는지 지영이 물었다. 저도 모르게 인기척이 느껴지던 곳에 신경이 쏠린 모양이었다. 아무것도 아니라며 얼버무린 심리는 내가 졸려서 잘못 본 거겠지, 하고 되뇌었다. 그렇게 생각하자 한결 마음이 편해진 심리의 발걸음이 바삐 교정으로 향했다.

'진짜 이상하네……'

하지만 대수롭지 않게 넘기려 노력해 봐도 도저히 그럴 수가 없었다. 그 미묘한 기운이 교실까지 따라붙었기 때문이다. 친구들이 수다를 떠는 와중에도 꿋꿋이 앉아 책을 읽던 심리의 뒤통수로 따가운 기운이 콕콕 박혔다. 또다시 누군가가 자신을 쳐다보고 있는 것만 같아 주위를 둘러보았지만 어디에도 심리와 눈을 마주치는 사람은 없었다.

"아, 하필이면 며칠 전에 그런 걸 읽어가지고."

고개를 갸웃거린 심리는 며칠 전 책 속에서 보았던 무서운 괴담 하나를 떠올렸다. 누군가가 계속해서 자신을 쳐다보는 듯한 기분이 들었는데, 그게 알고 보니 한 맺힌 귀신이었다는 식의 이야기였다.

"에이, 설마."

심리는 그렇게 말하면서도 쭈뼛하고 솟아오르는 머리털을 손으로 눌러야만 했다. 수업 시간에도, 쉬는 시간에도, 심지어 점심시간에도 심리는 초긴장 상태였다. 분명 누군가의 집요한 시선이 제 주위를 맴돌고 있었다. 결국 개업 이래 최초로 상담소 문까지 걸어 잠근 심리가 무거운 발걸음으로 운동장을 통과했다.

"심리야, 너 어디 아파?"
"어? 아, 아무것도 아니야. 조심히 가."
"응, 너도! 내일 보자."

처음 겪는 상황에 심리는 적잖이 당황하고 있었다. 어떤 일이든 여유롭고 의연하게 대처하는 심리였지만 이번만큼은 상황이 달랐다. 만에 하나 정말로 귀신이 문제라면 당장 퇴마사라도 찾아 나서야 할 판이었다. 그때, 재차 같은 기운이 심리를 감쌌다. 놓치지 않고 재빠르게 고개를 돌리자 검은 형체 하나가 후다닥, 아이들 사이로 달려 나갔다.

"야, 누구야! 너 거기 안 서!"

심리는 왠지 모를 직감을 쫓아 검은 형체를 따라 달리기 시작했다. 저를 하루 종일 쫓아다니며 못살게 구는 녀석임에 분명했다. 다행히도 귀신은 아니었다는 안도감에 심리는 더욱 걸음을 재게 놀렸다.

"거기 서라니까! 이 스토커 자식!"

멀리서 도망가던 인영이 점차 가까워지기 시작했다. 심리가 바투 쫓아왔다는 사실을 눈치챘는지 녀석은 재빨리 코너 뒤로 몸을 숨겼다. 놓칠세라 심리도 잽싸게 방향을 바꿨다. 어느새 다다른 곳은 운동장 정반대편에 위치한 쓰레기 소각장 뒤뜰이었다. 집요하게 뒤쫓던 심리의 손이 녀석의 어깨에 닿을락 말락 하던 찰나.

"으악!"

빠르게 도망가던 녀석은 그만 돌부리에 걸려 맥없이 넘어지고 말았다. 앞사람이 넘어지자 그를 뒤쫓던 심리가 끽, 하고 걸음을 멈춘 채 뒤로 되돌아왔다. 숨을 가쁘게 몰아쉬던 심리는 바닥에 엎어져있는 녀석의 어깨에 손을 얹었다.

"너지? 하루 종일 나 쫓아다니면서 쳐다보던 게!"

격앙된 목소리와 함께 돌려 세운 얼굴의 주인공은 그 누구도 아닌 무명이었다. 조용하고 존재감 없기로 유명한 무명이가 도대체 왜? 심리가 황당해하는 사이 무명이는 넘어지면서 삐뚤어진 안경을 고쳐 썼다.

"김무명? 대체 왜 나를 쫓아다녔던 거야?"
"저기, 그게… 그러니까, 실은……."

심리는 말을 더듬는 무명이의 손을 이끌고 근처 쉼터로 향했다. 그리고는 주머니 속에 들어있던 동전 몇 개를 털어 시원한 음료수까지 뽑아 주었다. 차가운 캔이 손에 닿자 정신이 조금 드는 듯 무명이가 숨을 골랐다.

"그러니까 네 말은 반장이 되고 싶다는 거지?"

중언부언하는 와중에도 필요한 말은 모두 알아들었는지 심리가 명쾌하게 되물었다. 무명이는 고개를 끄덕였다. 자백을 하듯 털어놓은 고민은 반장이 되고 싶다는 거였다. 방법을 알고 싶어 심리를 찾아다녔는데, 차마 용기가 나지 않아 그저 쫓아다니며 기회만 노리고 있었던 거라고. 심리는 온종일 찝찝했던 기분이 이제야 날아가는 듯했다.

"엉겁결에 출마하긴 했는데, 생각해 보니까 이길 자신이 없더라고. 공부를 잘하는 것도 아니고, 친구가 많은 것도 아니고, 인기가 많은 것도 아니니까……."

무명이가 신발 앞코로 바닥을 쿡쿡 찍었다.

아무래도 반장이 되기에는 힘들 것 같다며 우는소리를 했다. 이렇게 부정적이어서야, 원. 속으로 중얼거리던 심리의 손을 무명이가 덥석 부여잡았다.

"심리야, 반장 되는 법 좀 가르쳐 주면 안 될까?"

심리가 황당무계한 소리에 진저리를 쳤다. 그동안 많은 고민들을 들어왔고 때로는 해결책을 제시해준 건 사실이었다. 하지만 반장이 되는 방법이라니! 그런 고민을 들고 오는 아이는 이번이 처음이었다. 나를 진짜 만능 해결사나 마법사로 착각하고 있는 것은 아닐까, 심리는 의심스러운 눈초리로 무명이를 바라보았다.

"참나, 세상에 반장 되는 방법 같은 게 어디 있어."
"아, 왜! 너는 세상의 모든 진리를 다 알고 있잖아. 그러니까 반장 되는 방법도 알 거 아니야! 제발 가르쳐 주라, 응?"

무명이가 간절한 눈빛으로 매달렸다. 만약 가르쳐 주지 않는다면 지구 끝까지라도 쫓아와 '소름 끼치는 눈빛'을 발사할 것이 분명했다. 심리가 하는 수 없다며 고개를 내저었다. 반장이 되는 방법은 심리도 채 알지 못했다. 그런 걸 알고 있었다면 초등학교 상담소가 아닌 청와대에 앉아 있었을 테니까.

하지만 사람들의 마음을 얻는 방법 정도는 충분히 가르쳐 줄 수 있을 것 같았다. 심리가 고개를 끄덕이자 무명이가 아싸, 하고 주먹을 불끈 쥐어 보였다.

"지피지기면 백전불태랬으니까 상대를 먼저 알아야겠네. 후보가 누구라고 했지?"

"똑똑하고 운동도 잘하고 인기도 많은 예인이. 우리 학교 슈퍼스타야."

무명이의 눈빛이 삽시간에 희망의 노란빛에서 질투의 보랏빛으로 바뀌었다. 예인이는 전학생인 심리도 익히 들어 알고 있을 정도로 유명인사였다. 모든 면에서 부족한 점이 없어 아이들에게도, 학부모들에게도 심지어는 선생님들에게까지 부러움을 사는 아이였다. 그런 예인이와 반장 후보로 맞붙었으니, 무명이가 고민이 될 법도 하였다.

"강자 대 약자 구도라……."

한참을 고민하던 심리가 입을 열었다.

"언더독 효과를 이용해야겠네."
"언더독?"

무명이가 코끝에 걸쳐진 안경을 추켜올렸다. 식중독도 아니고 언더독은 뭐란 말인가. 생각이 뻔히 읽히는 표정에 심리가 꽃망울 같은 웃음을 터트렸다.

"약한 사람을 응원하는 심리를 말하는 거야. 잘만 이용하면 무명이 너도 반장이 될 수 있다는 얘기지."

심리의 말에 무명이의 눈동자가 반짝였다. 내가 반장이 될 수도 있다고? 무명이는 하루 종일 심리의 뒤꽁무니만 쫓아다니길 잘했다며 백 번, 천 번 스스로를 칭찬했다.

김심리의 심리 상담소

언더독 효과가 뭐냐고?

사람들이 약자라고 믿는 주체를 응원하게 되는 현상,
또는 약자로 연출된 주체에게 애착을 가지게 되는 것을 의미해.
과연 무명이는 슈퍼스타 예인이를 이길 수 있을까?

지금은 금지됐지만 오래전에는 투견장이라는 곳이 있었어요.
수컷 개들끼리 싸움을 붙여 놓고 구경을 하던 장소였지요.
사람들은 싸움이 붙은 두 마리의 개 중에서,

위에 올라타 우세를 보이는 개를 탑독,

왈 왈

깨갱…

크르릉—!

반대로 힘이 약해 아래에 깔려 있는 개를 언더독이라고 불렀어요.

이때, 이길 확률이 없어 보이는 언더독을 응원하던 사람들처럼 어떠한 상황에서 약자가 이기기를 기대하는 심리를 언더독 효과라고 부른답니다.

이 언더독 효과로 인해 대통령이 된 사람도 있어요. 바로 1948년, 미국에서 대통령 선거에 나갔던 해리 트루먼이지요.

당시 해리 트루먼은 대통령이 될 확률이 가장 적은 후보였어요.

"빗대어보자면 인기가 많은 예인이는 탑독이고, 무명이 너는 언더독이라고 할 수 있겠네."

무명이는 썩 기분이 좋지 않았다. 스스로가 언더독이라는 사실을 인정해야 한다는 점이 다소 잔인하게 느껴졌기 때문이다. 하지만 그 껄끄러움만 극복해 낸다면 해볼 만한 싸움이 될 것 같았다. 특히 인기도, 인맥도 없는 무명이에게는 더할 나위 없이 좋은 전략임이 분명했다.

"뭐야, 세상에 반장이 되는 방법 같은 건 없다더니. 알고 있으면서 일부러 감춘 거지?"

심리는 억울함에 두 손바닥을 펼쳐 보이고는 휘적휘적 내저었다. 언더독 효과는 엄밀히 말하자면 반장이 되는 방법은 아니었다. 반장이 될 수 있는 가능성을 높여볼 수 있을 따름이지. 아직 시작도 하지 않은 경기에 일찍이 풀이 죽은 모습이 안타까워해 준 이야기였는데, 어쩐지 무명이는 단단히 오해를 하는 듯했다.

"언더독 효과는 정말 좋은 거구나! 완전 만능이네? 나보다 센 사람도 한 방에 무너뜨릴 수 있고 말이야."

복잡한 심리의 심경을 아는지 모르는지 무명이는 신이 나 벙글댔다. 벌써부터 제 이름이 선명하게 찍힌 임명장이 손안으로 들어오는 것만 같은 기분이었다. 황홀경에 휩싸인 무명이를 심리가 제 옆으로 끌어다 앉혔다.

"아이, 그렇게 비약해서 생각하면 절대로 안 된다니까?"
"왜! 심리 네 말대로라면 나는 반장이 아니라 대통령도, 슈퍼 히어로도 될 수도 있는데!"

대책 없이 들뜬 무명이 앞으로 심리가 약병 하나를 내밀었다. 무명이는 두 손으로 조심스레 약병을 받아들었다. 투명한 액체가 들어 있는 유리병 겉면에는 네모난 스티커가 붙어있었다.

"경고문?"

커다란 해골과 함께 무시무시한 붉은 글씨로 쓰인 경고문을 무명이는 차분히 읽어 내려갔다. '오남용 시 인지적 착각을 유발할 수 있음' 두 번이고, 세 번이고 다시 읽어보았지만 무명이는 잘 이해가 되지 않았다. 키가 겨우 일 미터 남짓한 어린이가 이해하기에는 너무 어려운 말이었다.

"…이게 무슨 뜻인데?"
"함부로 사용하면 뇌가 고장 난다는 뜻이야."
"뭐라고?!"

섬뜩한 내용과 상반되는 담담한 말투에 무명이는 더욱 소스라치게 놀랐다. 이 약을 마시면 뇌가 고장 나버린다는 건가? 무명이는 덜덜 떨리는 손으로 약병을 뒤집어 보았다. 밑면에는 선명한 글씨로 '언더독'이라고 적혀있었다.

"언더독 효과에도 부작용이 있거든. 바로 이 약처럼."

김심리의 심리 상담소

언더도그마가 뭐냐고?

<mark>약자는 무조건 착하고 강자는 무조건 나쁘다고 믿어버리는 현상</mark>을 의미해.
우리가 흔히 갖는 편견도 언더도그마일 가능성이 커.

언더독 효과의 부작용은 언더도그마라고 불러요. 약자를 뜻하는 언더독에 신념을 뜻하는 도그마가 합쳐져서 만들어진 단어이지요. 한마디로 약자는 무조건 착하고 강자는 무조건 나쁘다고 믿어 버리는 거예요.

어리고 순수한 학생이기 때문에 범죄를 저지르지 못할 거라고 생각하거나,

부자는 무조건 옳지 못한 방법으로 돈을 벌었을 거라고 생각하는 것이지요.

실제로도 착한 건지 혹은 착한 척 위장을 하고 있는 건지, 겉보기만으로는 결코 알 수 없으니까요.

크크, 멍청하기는!

사람들의 동정심을 이용해 범죄를 저지르는 경우도 종종 있기 때문에 더욱 주의를 기울여야 한답니다.

인간들은 마음이 약해서 탈이라니까~

성냥

"그럼 나를 뽑아준 친구들이 언더도그마에 빠질 수도 있단 말이야? 그건 안 돼!"

무명이는 손에 들고 있던 약병을 심리에게로 휙, 집어던졌다. 공포 특급 뺨치게 소름 돋는 부작용을 뒤늦게서야 알려 준 심리가 너무나도 원망스러웠다. 병 주고 약 주고는 들어봤어도 약 주고 병 주고는 무슨 경우람.

"자, 그럼 궁금한 건 다 해결된 거지? 난 이만 갈게."
"어어, 어디 가!"

무명이가 언더독 효과를 써먹어야 할지 말아야 할지 고뇌하는 사이, 심리가 자리에서 벌떡 일어섰다. 황급히 뒤뜰을 벗어나려는 심리의 소매를 무명이가 급하게 잡아챘다. 심리는 왜 또 그래, 하고 투덜거리면서도 순순히 벤치로 돌아와 앉았다.

"그렇게 무시무시한 부작용이 있는데도 언더독 효과에 빠지는 이유는 뭔데?"

무명이는 잘 이해가 되지 않았다. 학교만 하더라도 자신보다 똑똑한 아이들이 차고 넘쳤다. 전 세계를 주머니 속처럼 탈탈 털어내면 태평양을 가득 채우고도 남을 만큼 많을 것이었다. 그들이 언더독 효과의 부작용에 대해 모를 리가 없었다. 그런데 왜 부작용을 떠안으면서까지 약자를 응원하게 되는 걸까?

"바보도 아니고."

"바보라서 그런 건 아니야."

무명이의 마음을 읽기라도 한 듯 심리가 동시에 말을 내뱉었다. 어서 자신의 궁금증을 해결해주기를 무명이는 간절히 바랐다. 심리가 목소리를 가다듬고 입을 여는 순간이 영겁처럼 길게만 느껴졌다.

김심리의 심리 상담소

약자를 응원하게 되는 이유가 뭐냐고?

우리의 뇌는 예상치 못한 사건에 훨씬 더 민감하게 반응하기 때문에 <mark>가능성이 낮은 일을 기대하는 마음이 생기게 되는 것을</mark> 의미해. 고난과 역경을 지나 마침내 성공한 주인공을 더 좋아하는 것처럼 말이야.

사람들이 약자를 응원하게 되는 이유에는 세 가지가 있어요.
첫째, 동병상련의 마음이 들기 때문이에요. 사람들은 살면서 수많은 실패와 좌절을 경험하고는 해요. 달리기를 할 때나 시험을 볼 때 1등보다는 나머지 등수를 했던 경험이 더 많은 것처럼요.

때문에 사람들은 매번 1등만 하는 사람이나 우승만 하는 팀보다는 패배를 반복하는 쪽에 친근감을 느끼게 된답니다. 나와 많은 부분이 닮아 있는 친구에게 호감이 생기는 것과 같은 원리라고 볼 수 있겠죠?

두 번째 이유는 만족도가 크기 때문이에요. 야구 경기에서 늘 우승을 차지하는 팀을 응원하고 있다고 가정해 볼까요?

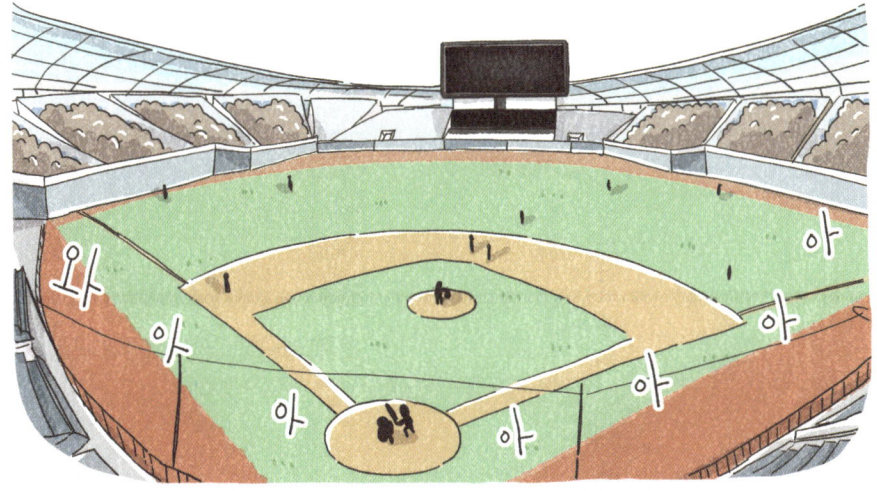

아무리 우승이라고 할지라도 계속해서 반복되다 보면

익숙함에 속아 기쁨은 점점 줄어들고 말 거예요.

반대로 패배를 한다면 실망은 몇 배로 크겠지요.

우승 놓칠 거면 야구 그만둬라!

하지만 반대의 경우라면 어떨까요? 늘 질 거라고 예상했던 팀이 이번에도 진다면 사람들은 별로 실망하지 않을 거예요.

또 지겠군.

B:00000:0
R:23154:15

하지만 모두의 예상을 깨고 우승을 차지한다면 뜻밖의 행운이 찾아온 것처럼 설명할 수 없을 만큼 기쁘겠지요. 이처럼 강자를 응원할 때보다 약자를 응원할 때 실망할 확률은 줄어들고, 기뻐할 확률은 높아지기 때문에 약자를 응원하고 싶은 마음이 생기게 되는 거예요.

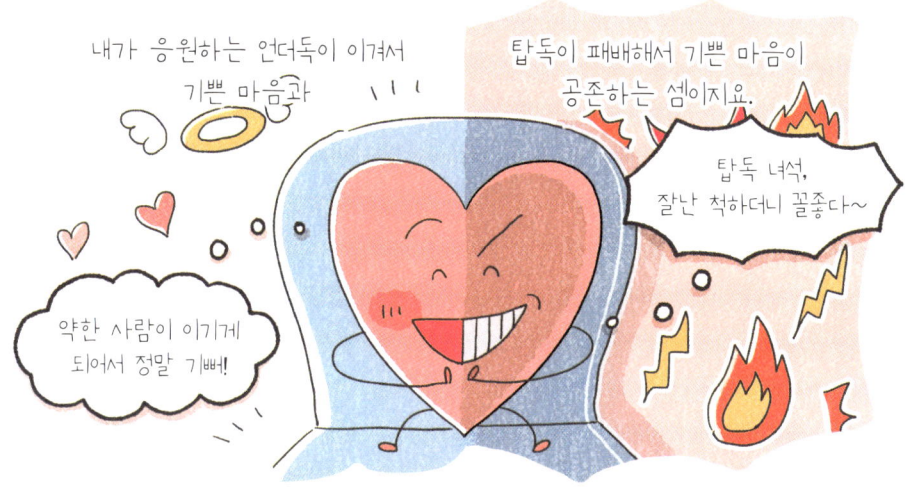

이렇듯 다양하고도 복잡한 이유들이 섞여서 강자보다 약자를 응원하는 '언더독 효과'가 나타나게 되는 거랍니다.

"심리 네 이야기를 들으니까 이제 좀 알 것 같아."

"뭘?"

심리의 말을 들은 이후 한참을 잠자코 있던 무명이가 운을 뗐다. 무명이의 눈은 주술사의 구슬처럼 시시각각 색이 변하고 있었다. 제법 많은 감정들이 오가고 있다는 의미였다.

"내가 반장이 되고 싶었던 이유는 예인이를 질투해서라는 걸 말이야."

우물 속에서 두레박을 건져 올리듯 끄집어낸 마음은 이끼와 물때로 더러워져있었다. 더럽고, 냄새나고, 생소했지만 꺼내놓고 보니 시원하기도 했다. 예인이를 향한 알 수 없는 마음으로 뒤숭숭했던 날들이 한 번에 청산되는 듯한 기분이었다.

"똑똑하고, 성격도 좋고, 친구도 많은 예인이의 자리가 탐났었나 봐. 맞지도 않는 반장 옷을 꾸역꾸역 입고서라도 그 애를 흉내 내고 싶었을 만큼."

해묵은 마음을 털어놓는다고 해서 '질투'라는 감정까지 사라지는 것은 아니었다. 하지만 그동안 저를 억누르던 자격지심이나 과한 욕심에서는 한결 벗어날 수 있었다. 그것만으로도 무명이는 몸무게가 오 킬로그램쯤 빠진 것만 같았다.

"반장이 되지 않더라도 괜찮을 것 같아. 내 감정을 이해하게 된 것만으로도 기분이 날아갈 것처럼 좋으니까."

무명이가 한층 가벼워진 어깨를 으쓱였다. 심리는 손을 뻗어 그런 무명이의 어깨를 두드려주었다.

"무명이 너, 정말 대단하다. 자기 감정을 솔직하게 들여다본다는 게 쉽지만은 않았을 텐데. 앞으로 좋은 어른으로 성장하겠는데?"

무명이는 심리의 이야기를 알아들었음에도 일부러 세모난 말을 내뱉었다. 털어놓고 보니 어쩐지 쑥스러운 마음이 들었기 때문이다. 그렇게 하면 낯부끄러운 감정이 조금 사라질 것도 같았다. 솔직히 털어놓고 인정하는 건 하루에 한 번이면 족하다고 무명이는 속으로 중얼거렸다.

"너 지금 나 놀리는 거지?"
"아니거든! 이게 칭찬을 해줘도!"

무명이의 발그레해진 귀 끝을 눈치챈 심리가 똑같이 장난스레 맞받아쳐 주었다. 감청으로 어두워지는 하늘을 초가을의 시원한 바람이 헤엄쳐 지나갔다.

며칠 뒤, 심리가 텅 빈 복도를 거닐고 있었다. 급히 화장실에 다녀오던 심리가 창문 가까이 다가섰다. 적막하기만 한 다른 교실들과 달리, 그 안에서는 반장 선거가 한창이었다.

"자, 마지막 표는……."

선생님이 통 안으로 손을 집어넣어 작게 접힌 종이 한 장을 꺼내 들었다. 아이들이 결과가 나오기를 기다리며 으레 책상을 두드렸다. 그 소리가 얼마나 컸던지 창밖에 선 심리조차 두 귀를 틀어막았다. 선생님의 기다란 손가락 끝에서 펼쳐진 종이에는 익숙한 이름 석 자가 쓰여 있었다.

"연예인!"

선생님의 발표에 아이들은 그럴 줄 알았다는 듯 한목소리로 환호했다. 예인이는 잠시 민망해하다 박수 소리에 맞춰 교탁 앞으로 한 발자국 걸어 나왔다.

"우리 반 반장은 예인이가 당선됐네. 자, 다 같이 박수!"
"앞으로 정말 열심히 할게, 얘들아. 뽑아줘서 고마워!"

천사처럼 예쁘게 웃은 예인이가 고개를 꾸벅 숙였다. 창문에 얼굴을 딱 붙인 채 교실을 들여다보던 심리가 눈을 도로록 굴렸다. 칠판 앞에 차렷 자세로 서 있는 무명이가 보였다.

아이들과 함께 손뼉을 치는 무명이의 얼굴에서 쓸쓸함보다 후련함이 더 크게 읽혔다.

"정말 축하해, 예인아. 네가 반장이 될 줄 알았어."

무명이는 예인이의 곁으로 다가가 축하를 건넸다. 시기도, 질투도 섞이지 않은 순도 백 퍼센트의 진심이었다. 무명이가 악수를 건네자 예인이는 마주 잡는 대신 그 손을 당겨 와락 끌어안았다.

갑작스러운 포옹에 무명이가 어리둥절해하고 있을 무렵, 예인이가 생긋대며 말했다.

"너도 축하해, 부반장."

내가 잘못 들었나? 무명이가 눈을 깜빡이며 반문했다.

"……부반장이라고?"
"몰랐어? 두 번째로 표 많이 받은 사람이 자동으로 부반장이잖아."

아뿔싸. 예인이를 향한 질투심에 눈이 멀어 까마득히 잊어버리고 있던 사실이었다. 무명이가 예인이에게 안긴 채 옆을 돌아보았다. 칠판에는 예인이 다음으로 많은 막대기가 제 이름 옆에 그어져있었다.

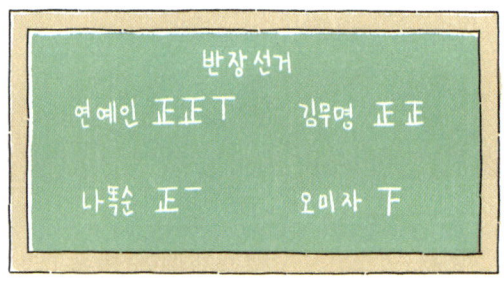

"우리 앞으로 잘해보자, 무명아!"

예인이가 제자리에서 방방 뛰었다. 무명이는 이제야 실감이 나는 듯한 얼굴로 헤실거렸다. 내가 부반장이라니. 무명이는 반장이 아닌 부반장이 된 것이 조금도 섭섭하지 않았다. 이렇게나 많은 친구들이 자신에게 표를 던져 주었다는 사실이 마냥 기쁘기만 했다. 어쩌면 이 순간은 속마음을 털어놓은 것에 대한 포상일지도 모르겠다고 무명이는 생각했다.

"그래, 예인아. 나도 잘 부탁해!"

한껏 기뻐하던 무명이가 문득 창가를 바라보았다. 복도는 텅 비어 있었지만 무명이는 단박에 알아차릴 수 있었다. 심리가 왔다 갔구나. 입김으로 하얗게 번진 유리창 한 귀퉁이에는 귀여운 얼굴의 강아지가 그려져 있었다.

6장
A형이라 소심한 게 아니라고?

심리는 깊은 고민에 빠져 있었다. 최근 들어 상담소를 찾는 발길이 뚝 끊겼기 때문이다. 한 번도 이런 적이 없었는데……. 심리는 제 머리칼을 모두 뽑을 기세로 움켜쥐었다.

"오늘도, 어제도, 그제도 텅텅 비어 있잖아!"

심리는 '김심리의 심리 상담소'라고 적힌 방명록을 뒤적였다. 그 안에는 지금까지 상담소에 다녀갔던 아이들의 이름이 빼곡히 적혀 있었다. 꼬리에 꼬리를 물고 이어지던 명단이 어느 순간 엿가락처럼 뚝 끊어졌다. 지난주, 매일 같이 찾아오던 원식이 다녀간 것이 마지막이었다.

"단골도 다 떨어지고……. 어디서 괴소문이라도 돌고 있는 거 아니야?"

심리가 주먹으로 책상을 쿵, 하고 내리쳤다. 어디선가 유언비어가 돌고 있지 않은 한, 하루아침에 이렇게 될 리가 없었다. 하지만 소문이란 언제나 당사자의 귀에 가장 늦게 들어가는 법이었다. 때문에 괴소문이 돌고 있다고 한들 심리는 절대 알 수가 없었다.

"누구인지 잡히기만 해 봐라!"

아이들이 코빼기도 비추지 않는 이유가 소문 때문이라고 심리는 일찍이 확신했다. 그것 말고는 특별나게 짚이는 이유가 없었기 때문이다. 이대로 아이들이 영영 오지 않으면 어쩌지? 쓸쓸히 상담소 문을 잠그던 심리가 한숨을 푹 내쉬었다. 이대로 며칠만 더 흘러간다면 원치 않게 상담소 문을 닫아야 할지도 몰랐다.

"그럼 진짜 어쩌지."

찬란하게 밝은 대낮임에도 심리의 눈앞이 캄캄해졌다. 소문의 진원지를 알면 해명이라도 해볼 텐데. 심리는 복잡한 생각들을 어깨 위에 짊어진 채 후문을 빠져나왔다. 분식집, 문방구, 태권도 학원 등이 밀집해 있는 정문과 달리 주택과 아파트가 즐비해 있는 후문은 비교적 한산한 길이었다.

"……어? 왜 다들 저기에 모여 있지?"

그런데 어쩐 일인지 후문 앞 골목에 아이들이 인산인해를 이루고 있었다. 제 발끝만 바라보며 걷던 심리가 웅성거리는 소리에 주변을 살폈다. 군중 속에는 익숙한 낯들이 드문드문 섞여 있었다. 상담소를 제집처럼 드나들었던 아이들이었다.

"자, 보자보자. 다음은 누가 좋을까."
"저요, 저요!"
"아니야, 내가 먼저 왔어."
"분명 내 차례라 그랬는데?"

심리가 가까이 다가서자 바닥에 자리를 깔고 앉은 노인이 눈에 들어왔다. 화려한 무늬로 수놓아진 비단옷을 입은 노인은 몸집만한 구슬을 부드럽게 쓰다듬고 있었다. 노인의 말에 아이들은 너나 할 것 없이 손을 들어 올렸다. 순서를 뺏길세라 서로를 밀치기까지 했다. 그 모습이 꼭 먹이를 기다리는 아기 새들 같았다.

"거기, 너!"

심리가 얼떨떨한 표정으로 상황을 파악하는 사이, 노인이 한 아이를 가리켰다. 헐레벌떡 달려 나온 건 상담소에 뻔질나게 찾아오던 원식이었다. 원식이 노인 앞에 무릎을 꿇고 앉자, 노인은 그 앞으로 색이 바랜 타로 카드를 주욱 늘어놓았다.

"이 중에 딱 두 장만 골라 보아라."

원식이 긴장된 표정으로 타로 카드를 향해 손을 뻗으려던 순간, 노인의 부채가 그 앞을 가로막았다. 무언가를 원하는 듯한 눈빛이었다. 원식이는 그때서야 무언가가 떠올랐는지 허겁지겁 제 바지 주머니를 뒤지기 시작했다. 꼬깃꼬깃 접힌 오천 원짜리 지폐 하나가 통통한 손가락에 딸려 나왔다.

"내 일주일 치 용돈인데……."

원식이는 먹성이 좋기로 유명했다. 점심을 배불리 먹고도 하굣길에는 늘 일 인분에 천 원 하는 떡볶이를 사 먹었다. 친구들이 오락실에 가자고 꾀어내도 넘어간 적이 없었다. 오로지 분식집에만 제 용돈을 적금 붓듯 갖다 바치는 녀석이었다. 그런 원식이가 무려 떡볶이 다섯 접시 값을 내밀다니. 심리는 믿어지지 않는 장면에 눈을 비볐다.

"복채 잘 받았습니다."

노인은 원식이의 손에서 오천 원짜리 지폐를 날름 빼앗았다. 깔고 앉은 방석 밑으로 돈을 집어넣은 노인이 그제야 부채를 거두었다. 날아간 떡볶이 생각에 슬퍼하던 것도 잠시, 원식은 제 앞에 놓인 타로 카드를 손끝으로 훑었다. 그리고는 찌릿, 무언가 느낌이 오는 것으로 두 장을 골라 노인 앞에 내밀었다.

"어허, 어디 보자…."

노인은 카드를 한 손에 쥔 채 눈살을 찌푸렸다. 심각한 표정에 원식은 저도 모르게 침을 꿀떡꿀떡 삼켰다. 입안에 음식이 든 것도 아닌데 이렇게 많은 침을 삼켜보기는 처음이었다. 눈을 꼭 감은 채 부들부들 떨던 노인이 헉! 하는 소리와 함께 눈꺼풀을 번쩍 들어 올렸다. 원식을 비롯한 아이들의 이목이 한곳으로 쏠렸다.

"즉흥적으로 보이지만 생각보다 신중하고, 소심한가 하면 또 불의를 못 참는 면이 있구먼. 보아하니 식성도 좋고, 힘도 세지만 더운 날씨에는 맥을 못 추겠어."
"어, 마, 맞아요!"

저를 속속들이 아는 듯한 노인의 말에 원식이 제 입을 틀어막았다. 노인의 신묘한 재주에 아이들 역시 웅성거렸다.

"봐봐, 진짜 다 맞춘다니까?"
"우와, 그러네."

아이들 틈으로 끼어들지 못하고 주위를 맴돌던 심리가 이마를 탁, 쳤다. 상담소에 아무도 오지 않는 이유가 바로 이거였어! 한발 늦게 깨달은 심리가 믿기지 않는 현실에 도리질을 쳤다. 상담소를 등지고 찾아온 데가 겨우 엉터리 점쟁이가 있는 곳이라니. 차라리 자신에 대한 괴소문이 돌고 있다고 믿는 게 더 나을 지경이었다.

"그럼 점괘를 뽑아 볼까나."

원식이에 대한 일장 연설을 늘어놓던 노인이 나무 막대가 든 통을 흔들었다. 척 봐도 나무젓가락을 갈아 만든 허술한 모양새였다.

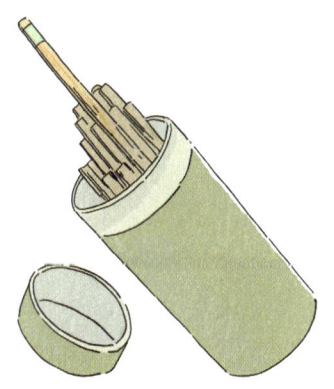

이를 알 턱이 없는 아이들은 막대를 따라 고개를 빙글빙글 돌렸다. 어지럼증이 일기 시작할 즈음, 노인이 막대 하나를 뽑아 들었다.

"어허, 소흉이로구먼. 물이랑 사람을 조심해야 되겠어!"
"네? 무, 물이랑 사람이라고요? 어떻게 하면 되는데요?"
"어떻게 하긴 뭘 어떻게 해. 평소처럼 지내면 되는 거지."

앞이 아닌 뒤에서 들려오는 목소리에 원식이 고개를 돌렸다. 원식과 노인을 둘러싸고 있던 아이들도 차례로 뒤를 돌아보았다. 홍해처럼 갈라진 곳의 끝에는 못마땅한 표정의 심리가 서 있었다. 심리가 왜 여기 있지? 아이들이 수군거리는 틈을 타, 심리는 무리를 헤치며 안으로 들어갔다.

"이거 봐라. 완전 사기꾼이네, 사기꾼."

심리가 돗자리 앞에 놓인 간이 팻말을 집어 들었다. 낡은 종이 상자를 잘라 만든 듯한 팻말에는 조악한 글씨체로 이렇게 적혀있었다. '무엇이든 맞춥니다. 복채 단돈 오천 원.' 심리는 어이가 없어 입을 떡하니 벌렸다.

"당연한 말 조금 해주고 오천 원이나 받아요? 그것도 애들 코 묻은 돈을. 세상에!"

"뭔데 와서 방해야? 저리 안 가!"

비아냥대는 심리에게 노인이 부채를 휘둘렀다. 잠깐 사이 아수라장이 되어 버린 현장에 원식이 난색을 표했다. 이제 막 중대한 말이 나오려는 순간이었는데! 허무하게 거금 오천 원을 날려 버릴 수는 없었던 원식이 심리의 팔을 부여잡았다. 소중한 용돈이 헛돈으로 쓰이지 않으려면 어떻게든 끝까지 점괘를 들어야만 했다.

"시, 심리야. 제발 그만해. 내가 상담소 안 가서 화났어?"

"뭐라고? 무슨 소리를 하는 거야, 지금?"

"그렇다고 찾아와서 훼방까지 놓으면 어떡해. 지금 중요한 순간이었단 말이야. 애들도 다 기다리고 있었다고!"

심리가 주위를 둘러보았다. 재미있는 순간을 '방해'했다며 책망하는 듯한 눈빛들이었다. 고맙다거나 반가워하는 기색은 눈곱만치도 찾아볼 수가 없었다.

"그래, 이 방해꾼아. 썩 물러가지 못해?"

아이들을 등에 업고 위풍당당해진 노인이 얄밉게 거들었다. 쥐고 있던 부채 끝으로 심리의 어깨를 쿡쿡 찌르기까지 했다.

"건방진 꼬마 녀석. 어서 가라니까? 용하신 용신께서 노하시지 않은 걸 다행으로 여기거라."

거칠게 쏘아붙인 노인이 옷자락을 펄럭이며 제자리에 앉았다. 아무래도 점쟁이 행세를 이어가려는 모양이었다. 가만 두면 저 사기꾼에게 깜빡 속아 넘어가는 애들이 수두룩할 텐데. 심리의 머릿속에서는 친구들에 대한 걱정이 조금 더 앞섰다. 상담소가 문을 닫게 되는 건 그다음 문제였다.

"용하기는 무슨, 상술 주제에!"

심리가 배에 단단히 힘을 주고는 또박또박 발음했다. 난리 통에 뿔뿔이 흩어져 있던 아이들이 술렁였다. 상술이라니? 수초 전까지만 해도 콧대가 높아져 있던 노인의 표정이 싸늘하게 바뀌었다.

"그게 무슨 소리야? 지금까지 들은 점괘가 모두 거짓말이라는 거야?"

원식이가 심리의 어깨를 잡아 흔들었다. 떡볶이 다섯 접시를 제 손으로 떠나보냈다는 사실을 믿기 싫은 듯했다.

심리는 원식을 바라보다 먼 곳으로 시선을 옮겨 아이들을 둘러보았다. 그리고는 결연한 말투로 한 음절씩 내뱉었다.

"저건 진짜 점괘가 아니야. 바넘 효과를 이용한 속임수일 뿐이지."

김심리의 심리 상담소

바넘 효과가 뭐냐고?

사람들이 공통적으로 가지고 있는 성격이나 심리적 특징을 자신만의 특성으로 착각하는 현상을 의미해. 아이들이 말도 안 되는 가짜 점괘에 빠진 이유가 설명이 되지.

바넘 효과란 모든 사람에게 공통적으로 나타나는 성향이 자신에게만 해당된다고 착각하는 현상을 말해요.

※소름 돋게 정확한 혈액형별 성격유형 공감 10※ 👍 102 👎 ↪

공감 공감남녀TV

댓글(182) ▼

조선왕조실록샬룩
헐 나 A형인데 진짜 똑같아서 소름임

alegretto
B형들이 까칠하긴 하지 맨날 자는 거 깨우면 막 쓰질냄··

김현승
헉 우리 형도 B형인데 완전 똑같네요

♥현이랑♥
AB형들 뭐 인생 혼자 사냐ㅋ 진짜 특이한 건지 특이한 척인지ㅋ

혹시 A형이라서 소심하다거나,

O형이니 당연히 활발할 거라고 생각하거나,

B형이라서 까칠하다거나,

AB형이라 독특한 것 같다는 말을 한 번쯤 들어본 적이 있나요?

이러한 '혈액형별 성격'도 사실은 바넘 효과에 의한 착각 중 하나랍니다. 일부러 애매모호한 말들만 늘어놓아서, 어느 누가 읽어도 내 이야기라고 생각하도록 만든 것이지요.

노인이 심리를 첨예하게 노려보았다. 그러거나 말거나 아랑곳하지 않은 심리가 노인 옆에 있는 천 쪼가리 한 장을 집어 들었다.

"아마 저 할아버지가 이렇게 얘기했을걸?"

천을 제 머리 위로 홀랑 뒤집어쓴 채 허리까지 구부정하게 숙인 심리가 목을 가다듬었다. 그리고는 턱을 당겨 노인처럼 무서운 표정을 지어 보였다.

"평소에는 조용하지만 친구들이랑 있을 때는 활발하고, 단순하면서도 반복적인 일에는 싫증을 잘 내는 편이로구먼."

심리가 노인을 똑같이 흉내 내자 아이들이 배꼽을 잡고 웃었다. 이마의 자글자글한 주름부터 푹 꺼진 눈 밑까지 쏙 빼닮은 모습이었다. 깔깔대는 소리가 잦아들자 군데군데에서 '나도 저 얘기 들어본 것 같은데?' 하는 말들이 잔머리처럼 삐져나왔다. 이미 노인에게 점괘를 들은 아이들이 한둘은 아닌 듯했다.

"조그만 게 어디서 거짓말이야!"

아이들이 동요하자 노인은 심리에게로 매섭게 달려들었다. 거의 다 속였다고 생각했는데 말짱 도루묵이 될 것 같아 초조한 눈치였다. 벌레를 내쫓듯 부채를 휘두르는 노인을 피해 심리가 친구들 사이를 요리조리 누볐다.

"거기 서라! 바넘인지 베놈인지, 네가 다 지어낸 거지?!"
"허, 지어낸 거 아니거든요?"

막무가내로 우겨대는 노인에게 심리가 혀를 쏙 내밀었다. 약이 오른 노인은 비단옷까지 벗어 던지며 길길이 날뛰었다. 노인은 키가 겨우 허리춤까지밖에 오지 않는 녀석에게 골탕을 먹은 것이 창피하면서도 분했다. 그때, 누군가가 심리 앞으로 고개를 불쑥 들이밀었다.

"그럼 어디에서 나온 말인데?"

오천 원을 잃은 충격에 한참을 주저앉아 있던 원식이었다. 심리가 뒤를 돌아보았다. 제 뒤를 바짝 쫓아오던 노인은 무릎을 짚은 채 헐떡대고 있었다. 어린이의 체력 앞에는 장사가 없다며 손을 내저어 보이기까지 했다. 심리는 그런 노인을 턱짓으로 가리켰다.

"사람 이름이야. 사기꾼이었거든, 저 할아버지처럼."

김심리의 심리 상담소

바넘 효과의 유래와 포러 효과가 뭐냐고?

바넘 효과는 19세기 미국의 엔터테이너였던 피니어스 테일러 바넘에게서 유래되었어. 이를 실험으로 증명한 버트럼 포러의 이름을 따서 포러 효과라고 부르기도 하지.

바넘 효과의 '바넘'은 사람 이름이에요.
19세기에 미국에서 서커스단을 운영하던 인물이지요.

그는 뱀이나 개, 원숭이 같은 동물뿐만 아니라 키가 유독 크거나 작은 사람, 박제된 미라까지도 자신의 서커스에 이용하고는 했어요.

관객들에게 희귀한 구경거리를 제공하면서 엄청난 성공을 거두었지요. 무엇이든 자신의 서커스에 이용했던 바넘은 당시에는 뛰어난 재주꾼으로,

최근에는 큰 비난을 받으며 '희대의 사기꾼'으로 알려지게 되었어요. 돈을 벌기 위해 인종 차별과 동물 학대도 서슴지 않았기 때문이에요.

심지어는 사람들을 속이기까지 했지요. 관객들의 환심을 사기 위해 성격을 알아맞히는 척하고는 했거든요.

어머, 네... 맞아요...

겉으로는 수줍음이 많아 보이지만 사실은 말괄량이 기질이 있으시군요~

관객들은 바넘에게 신비한 능력이 있다고 생각했지만,

웅성

사람을 꿰뚫어 보나 봐

감성

진짜 신비한 능력이네

웅성

바넘이 관객들을 깜빡 속일 수 있었던 이유를 알아낸 사람이 있었어요. 그로부터 100년 후에 태어난 심리학 교수, 버트럼 포러 랍니다.

실은 '바넘 효과'를 이용해 관객들을 속여 왔던 거랍니다.

멍청이들.

그는 자신의 강의를 듣는 학생들을 대상으로 한 가지 실험을 진행했어요. 성격 검사를 실시하고, 그 결과에 대한 만족도를 조사하는 것이었지요. 성격 검사의 결과가 실제 내 성격과 얼마나 잘 맞는지 말이에요.

지금부터 실험을 하도록 하겠습니다.

성격 검사 후 결과를 받아 본 학생들은 놀라움을 금치 못했어요.

헉! 말도 안 돼! 나랑 똑같잖아…?

나도!

포러 교수는 어떻게 학생들의 성격을 맞힐 수 있었던 걸까요?

사실 포러 교수는 학생들에게 모두 똑같은 결과지를 나눠주었답니다. 인간이라면 누구에게나 있을 법한 면들을 적어서 말이지요. 학생들은 그 애매모호한 결과를 보고 '내 성격과 똑같다'고 느꼈던 거예요.

'바넘 효과'가 실제로 있다는 사실을 증명해낸 셈이지요.

그래서 바넘 효과는 사기꾼 바넘의 이름을 빌리는 대신 놀라운 실험을 진행한 포러 박사의 이름을 따서 '포러 효과'라고 불리기도 한답니다.

심리의 설명을 듣고 궁시렁대던 노인 앞에 원식이가 손바닥을 내밀었다.

"점쟁이, 아니, 할아버지! 제 돈 돌려주세요."

당돌한 말투에 노인은 헛웃음을 지었다. 방금 전까지도 제 말이라면 껌뻑 죽던 아이들이, 심리인지 상미인지 하는 녀석이 나타난 뒤부터는 버릇없이 대들기까지 했다. 귀를 후비적거린 노인이 혹시나 싶은 마음으로 되물었다.

"뭐를 돌려달라고?"
"제 돈이요. 신묘한 점괘라더니 그냥 속이신 거였잖아요! 그러니까 얼른 돌려주세요."

원식의 말이 도화선이 된 걸까. 아이들은 입을 모아 제 돈을 돌려달라며 아우성을 쳤다. 가만히 두었다가는 곧 시위라도 벌일 기세였다. 끙, 하는 소리를 낸 노인이 돗자리를 향해 뒤뚱뒤뚱 달려갔다. 그리고는 방석 밑에 숨겨두었던 돈주머니를 집어 들어 제 품 안으로 꼭 끌어안았다. 탐욕스러움이 얼굴 위에서 벌레처럼 우글댔다.

"안 되지, 절대 안 돼! 내가 무슨 잘못이 있다고. 속은 너희들이 잘못이지. 스스로의 멍청함을 탓하거라!"

노인은 아이들을 향해 손가락질을 했다.

그 앞을 심리가 두 팔 벌려 가로 막았다. 멍청해서 그런 거 아니거든요? 하고 내미는 조그마한 가슴팍이 꽤나 듬직하기까지 했다. 노인은 이제 귀찮다는 듯 빈손으로 허공을 휘저었다. 심리를 쫓는 도중 잃어버리기라도 한 건지 부채는 들려있지 않았다.

"너는 왜 또 끼어들고 야단이야?"
"할아버지가 잘못 알고 계신 것 같아서요."

내가 또 뭘! 하고 벌컥 화를 내는 노인에게 심리는 제 머리를 가리켜 보였다.

"멍청해서가 아니라 이 안에 들어있는 생존 본능 때문인데."

심리의 말에 아이들이 화들짝 놀라며 뛰어왔다. 그 모습은 영락없이 총성을 들은 사슴 떼였다. 어느 틈엔가 힘에 떠밀려 저만치 밀려난 노인을 뒤로하고, 아이들은 심리에게 질문 공세를 던지기 시작했다.

"자, 잠깐만. 생존 본능이라고?"
"그럼 그게 남아 있는 한 우리는 계속 속을 수밖에 없다는 거야?"
"잃어버린 떡볶이가 다섯 접시로 끝나지 않을 수도 있는 거네?"

불꽃놀이처럼 연쇄적으로 터져 나오는 질문에 심리가 고개를 저었다.

"아니, 그렇지 않아. 노력으로 충분히 극복할 수 있거든."

김심리의 심리 상담소

편향에서 벗어나는 방법이 뭐냐고?

기존 신념에 부합되는 정보만 찾거나 반대되는 정보를 무시하는 현상을 편향이라고 해. 이러한 편향에서 벗어나기 위해서는 <mark>자기 생각과 반대되는 증거를 찾아보고, 비판적으로 생각</mark>해야 하지.

세상에는 셀 수없이 많은 정보들이 있어요. 우리의 뇌는 그중에서 필요한 것과 필요하지 않은 것을 구분하는 일을 한답니다. 필요하지 않은 것은 버리고, 꼭 필요한 것들만 선택해서 받아들이는 거예요.

저건 쓸모없는 거…

이건 쓸모 있는 거,

필요함

그 많은 정보들을 모두 받아들였다가는

에라 모르겠다!

펑! 하고 터져버릴지도 모르니까요.

펑-!

정보

쾅ㅡ!!!

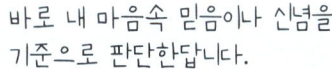

제아무리 학자나 전문가라고 할지라도 이러한 '뇌의 편식'에서 벗어나는 일은 쉽지 않아요. 무의식적으로 발현되는 인간의 특성 중 하나이기 때문이에요.

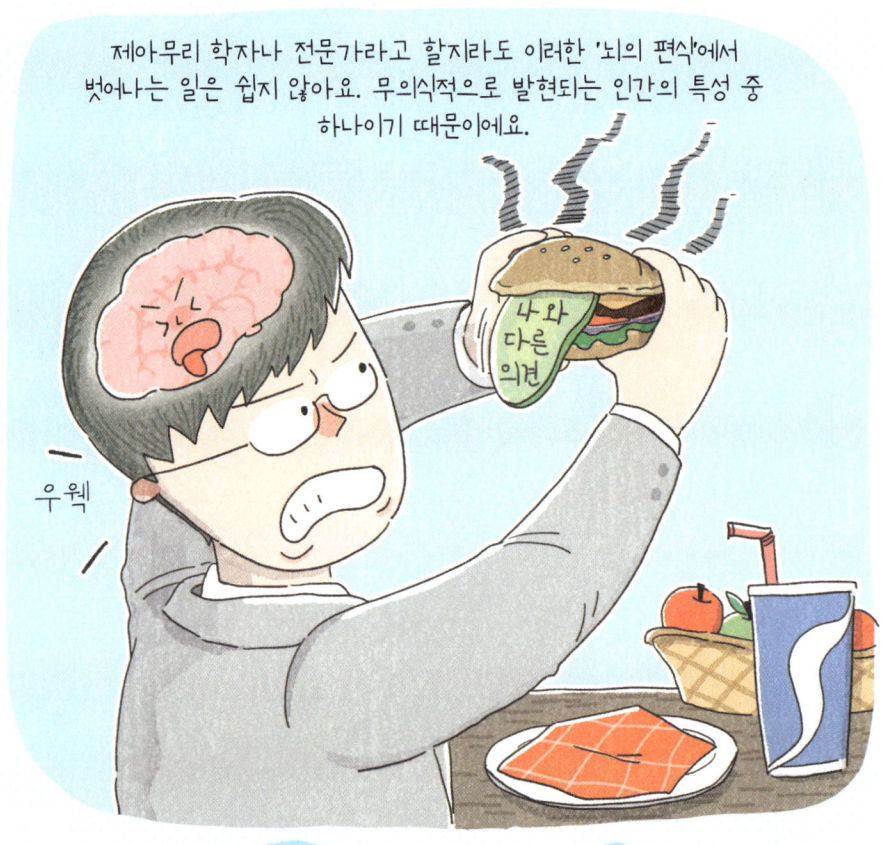

인간은 원시시대 때부터 빠른 판단을 내리도록 길들어 왔거든요.

하지만 스스로가 편식을 하고 있다는 사실을 기억하고,

아.. '이거 또 들어있네..

이로부터 벗어나려고 노력한다면 착각에 빠지는 실수를 줄일 수 있답니다.

냠

에잇!

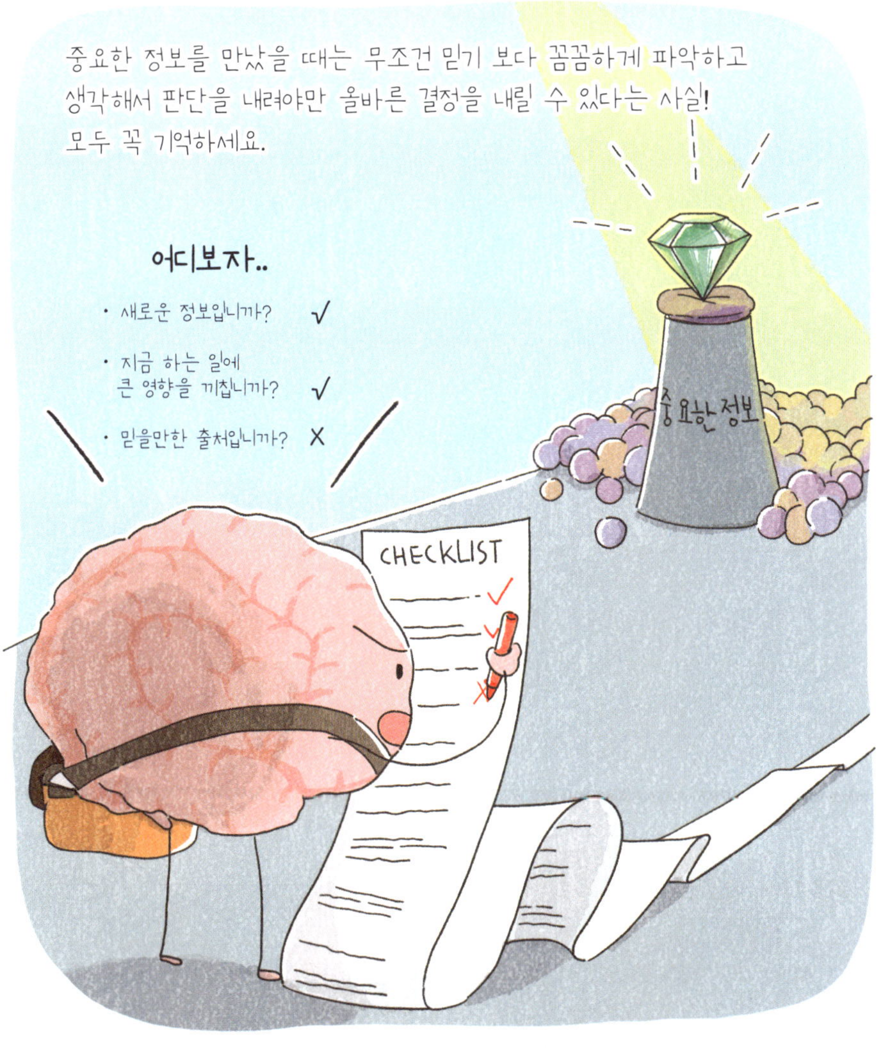

중요한 정보를 만났을 때는 무조건 믿기 보다 꼼꼼하게 파악하고 생각해서 판단을 내려야만 올바른 결정을 내릴 수 있다는 사실! 모두 꼭 기억하세요.

어디보자..

- 새로운 정보입니까? ✓
- 지금 하는 일에 큰 영향을 끼칩니까? ✓
- 믿을만한 출처입니까? ✗

심리가 친구들 앞에서 설명을 늘어놓는 사이, 노인이 비틀대며 일어섰다. 어린이들에게 떠밀리면서도 품에 안은 돈주머니는 놓치기 싫었는지 여전히 꽉 붙든 채였다. 노인은 아이들의 눈에 띄지 않도록 바닥에 납작 엎드렸다. 그리고는 대로변을 향해 살금살금 기어가기 시작했다.

"진작 심리 말을 들었어야 되는 건데!"
"그러게 말이야. 오천 원으로 오락이나 실컷 할걸."

아이들은 그제야 제각기 한마디씩 아쉬운 소리를 했다. 뒤이어 미안한 듯 쭈뼛대는 친구들에게 심리는 다 이해한다며 사람 좋게 웃어 주었다. 사실이 그랬다. 속아 넘어간 건 결코 친구들의 잘못이 아니었다. 심리를 교묘하게 이용해 돈을 벌려던 못된 어른이 문제였을 뿐.

"그러니까 앞으로는 상담소에 자주 놀러 오기다, 알았지?"
"어, 그런데 할아버지가……."

심리가 한 명, 한 명 차례로 새끼손가락을 걸려던 순간이었다. 한 아이의 목소리에 다른 아이들도 따라서 사방을 둘러보았다. 분명 바닥에 쓰러져 있던 노인이 보이지 않았다. 그때, 원식이가 골목 끝을 가리켰다.

"저기 있다! 도망치고 있어!"

"으하하하! 잘 살아라, 이것들아!"

노인은 이미 멀찌감치 달아난 상태였다. 소스라치게 놀란 아이들이 짧은 보폭으로 노인을 따라 뛰었다. 점심시간에 맛있는 반찬이 나왔을 때나 일요일 아침에 텔레비전 앞으로 향할 때보다 빠른 걸음이었다.

"내 오천 원 돌려주고 가요!"

한껏 지친 탓에 떡볶이 생각이 간절해진 원식도 뒤따라 달려 나갔다. 노인과 아이들 그리고 원식이가 기차 놀이하듯 골목길을 횡단했다.

"어어, 얘들아! 너희 상담소에 다시 오기로 약속한 거다! 알았지?!"

심리가 점처럼 사라지는 아이들의 뒤통수에 대고 소리쳤다. 하필이면 노인이 타이밍 좋게 도망친 탓에 대답 없는 물음만 공기 중으로 흩어지고 있었다. 끝까지 도움이 안 되는 할아버지네, 심리가 중얼거렸다.

"콜록, 콜록. 아이고, 목이야. 말을 너무 많이 했나……."

찬바람이 맞은편에서 불어오는 통에 목이 까끌거렸다. 어느덧 낮이 짧은 계절이었다. 심리는 주머니 속으로 깊이 손을 집어넣었다. 서늘하고 뾰족한 상담실 열쇠가 손끝에 만져졌다. 기나긴 밤이 지나고 아침이 밝아오면 다시금 이 열쇠로 상담실 문을 열 수 있게 될 것이었다. 심리는 그 사실이 마냥 기쁘고 또 좋았다.

"아, 빨리 내일이 됐으면 좋겠다!"

하늘을 향해 두 팔을 곧게 뻗어 올린 심리를 따라 해와 달이 걸음을 재촉했다. 오늘은 정해진 24시간보다 약간, 아주 약간 짧을 예정이었다.